Karl Werner

Wilhelms von Auvergne

Verhältniss zu den Platonikern des XII Jahrhunderts

Karl Werner

Wilhelms von Auvergne
Verhältniss zu den Platonikern des XII Jahrhunderts

ISBN/EAN: 9783743480933

Hergestellt in Europa, USA, Kanada, Australien, Japan

Cover: Foto ©Thomas Meinert / pixelio.de

Manufactured and distributed by brebook publishing software
(www.brebook.com)

Karl Werner

Wilhelms von Auvergne

WILHELMS VON AUVERGNE

VERHÄLTNISS ZU DEN PLATONIKERN

DES XII. JAHRHUNDERTS.

VON

PROF. D^R. K. WERNER

CORRESP. MITGLIEDE DER K. AKADEMIE DER WISSENSCHAFTEN.

WIEN, 1873.

IN COMMISSION BEI KARL GEROLD'S SOHN

BUCHHANDLER DER KAIS. AKADEMIE DER WISSENSCHAFTEN.

In der Abhandlung über die psychologischen Anschauungen und Lehren Wilhelms von Auvergne wurde auf die in dieselben eingeflossenen platonischen Reminiscenzen hingewiesen, die auf ein bestimmtes näheres Verhältniss Wilhelms zu den ihm vorangegangenen mittelalterlichen Trägern und Vertretern platonischer Anschauungen hindeuten. Dieses Verhältniss stellt sich noch bestimmter hervor und lässt sich auch genauer und erschöpfender angeben, wenn neben der Schrift de anima Wilhelms Hauptwerk: De universo, zur Ermittelung desselben herbeigezogen wird. Auf diese Art wird es möglich, jenes Verhältniss auf psychologischem, kosmologischem und erkenntniss-theoretischem Gebiete vollständig zu überschauen, und die Stellung Wilhelms innerhalb der allgemeinen geistigen Bewegungen und Strebungen seines Zeitalters in bestimmter, festbegrenzter Weise anzugeben.

Obschon wir hauptsächlich und vornehmlich sein Verhältniss zu den dem christlichen Abendlande angehörigen Platonikern des zwölften Jahrhunderts in's Auge zu fassen haben, so würde doch dieses Verhältniss sich nicht bestimmt und vollständig beleuchten lassen, wenn wir nicht nebenher auch seine Beziehungen zu den Lehren der arabischen Aristoteliker und zu den bei denselben vorfindlichen neuplatonischen Elementen berücksichtigen würden; wir können von diesen Beziehungen um so weniger absehen, da eben mittelst derselben Wilhelms Verhältniss zu den christlichen Platonikern zu einer festbegrenzten Gestaltung gelangte, während zuletzt und zuhöchst seine Stellung nach beiden Seiten hin durch seinen theologischen Christianismus bestimmt wurde.

Als christliche Platoniker des zwölften Jahrhunderts sind Adelard von Bath und Bernhard von Chartres hervorzuheben, welchen weiterhin noch Wilhelm von Conches beizuzählen ist. In einem geistigen Verwandtschaftsverhältniss zu diesen Männern steht Abälard, der zwar der Philosophie bloss als Dialektiker angehört, aber die unter den christlichen Platonikern seines Zeitalters cursirenden allgemeinen Anschauungen in die Theologie hineintrug, theilweise geradezu als theologische Sätze behandelte. Obschon Wilhelm keinen dieser Männer, sowie überhaupt keinen der christlichen Lehrer mit Namen aufführt, so hat er doch unzweifelhaft jeden derselben gekannt und ihre Meinungen berücksichtiget; in Bezug auf Adelard von Bath muss noch mehr behauptet werden, er hat Adelards Schrift de eodem et diverso nicht bloss gekannt, sondern aus ihr auch geistige Anregung geschöpft und so viel an sich gezogen, als er nur immer mit seinen christlichen Ueberzeugungen vereinbar fand.

Obwohl noch ungedruckt, ist Adelard's Schrift de eodem et diverso ihrem Inhalte nach seit Langem durch Jourdain's[1] ausführliche Mittheilungen über dieselbe bekannt. In die Form einer Allegorie eingekleidet, führt sie die Erscheinungen zweier Gestalten vor, der Philokosmie und Philosophie, die dem in der Stille eines abgelegenen Thales in astronomische Meditationen versunkenen Verfasser sich plötzlich zeigten. Die Philokosmie, die sich ihm zuerst als freudenverheissende Führerin anbietet, hat in ihrem Gefolge das Glück, die Macht, die Würde, den Ruhm und die Lust; die Philosophie ist von den sieben freien Künsten umgeben. Indem die Philokosmie die Güter anrühmt, welche sie durch die ihren Befehlen dienst-

---

baren Begleiterinnen zu bieten hat, sucht sie zugleich die Un-
zuverlässigkeit, Eitelkeit und Thorheit des vermeintlichen Weisheitsstrebens zu beweisen, um den durch ihre Erscheinung
überraschten Hörer ihrer Worte ganz zu gewinnen und mit
sich fortzureissen. Der Eindruck ihrer Worte dauert aber
kaum so lange, als ihre sichtbare Gegenwart. Ehe sie noch
verschwunden, beginnt die Philosophie zu sprechen, weist die
hämische Verspottung des in aller irdischen Zeit freilich unvollkommenen menschlichen Weisheitsstrebens zurück, und
zeigt, was der geistig recht gestimmte Mensch, welcher nicht
auf die trügerischen Sinne sich stützt, sondern dem höheren
geistigen Erkennen nachstrebt, immerhin doch zu erkennen
vermöge, und welche tiefinnere Befriedigung und Erhebung
ihm daraus quelle. Nach diesen Auseinandersetzungen der Philosophie ergreift Adelard, der Philosoph, selber das Wort, um
das von der Philosophie Gesagte aus der Herkunft, Natur und
Bestimmung der Seele zu begründen, und die auf die Reizung
der irdischen Weltlust berechneten Lockungen der Philokosmie
als einen Trug hinzustellen, durch welchen sich nur die um
das Bewusstsein ihrer Abkunft und Bestimmung gekommene
Seele berücken lassen könne. Die Möglichkeit und Leichtig-
keit des Abhandenkommens dieses Bewusstseins ist ein der
Seele mit ihrer Einsenkung in den Erdenleib angethanes Geschick; an sich aber hatte die Seele die Bestimmung, im Körperlichen allenthalben das rechte Mass und Gleichmass herzu-
stellen und zu erhalten. Diess gilt von der Seele des Makrokosmos und von jener des menschlichen Mikrokosmos. Um
auf das Körperliche wirken zu können, ward die menschliche
Seele mit den Kräften des Zornmuthes und des ἐπιθυμητικόν be-
gabt, um mittelst des ersteren die Ausbrüche rohen Ungestümes
niederzuhalten und die widerwillige Trägheit aufzustacheln,
mittelst des letzteren aber das rechte Mittelmass im Begehren
zu erwirken. Aber eben diese Zuthat zum ursprünglichen
Wesen der intellectiven Seele schuf die Möglichkeit einer Ab-
irrung der intellectiven Seele von ihrer Gleichförmigkeit und
Selbstgleichheit, vermöge welcher sie, ein lebendiges Bild der
Gottheit, an sich weder Grösse noch Kleinheit kennt. Allerdings ward ihr, um die Regungen und Aeusserungen des Zornmuthes und ἐπιθυμητικόν zu regeln und zu disciplinieren, Vernunft

*

verliehen. Aber die Einsenkung in den irdischen Körper ist
Ursache der Verdunkelung ihres lichten Wesens; demzufolge
dann ihr Mangel an rechter Fassung und Besonnenheit in
Regelung und Disciplinirung der beiden untergeordneten Vermögen, und ihre Ueberwältigung durch die Ausschreitungen
derselben. Diese Ueberwältigung kann bis zu dem Grade fortschreiten, dass sie die Fähigkeit, Wahres vom Falschen zu
unterscheiden verliert, die von der Philokosmie gepriesenen
Güter für die echten Güter des Lebens hält, und in Erringung
derselben sich selig preist. Die sinnlichen Lebensgüter blen-
den das Licht der Vernunft, und würdigen den Menschen zum
Thiere herab. Es gibt nur Ein Mittel, die verirrte Seele aus
ihren schmählichen Banden zu befreien: die Rückkehr zu sich
selbst und zum eigensten Bereiche ihres Denkens und Schaffens
d. i. zur Philosophie und zu den edlen freien Künsten.

Diese Auslassung Adelards lässt sich unter den nöthigen
Modificationen, die durch den christlich-theologischen Standpunkt Wilhelms bedingt sind, ganz in den Inhalt jener Anschauungen umsetzen, welche Wilhelm von Auvergne in seiner
Schrift de anima und anderwärts entwickelt. Der Umstand,
dass Wilhelm nicht gleich Adelard als Philosoph, sondern als
Theolog spricht, bringt es mit sich, dass er den von Adelard
stillschweigend vorausgesetzten Grund des thatsächlichen Herab-
sinkens der Seele von der Höhe ihres ursprünglich reinen und
lichten Geistlebens, so wie des Verlustes ihrer Herrschaft über
die entartenden Kräfte des Zürnens und Begehrens ausdrück-
lich angibt und der Kirchenlehre gemäss im ersten Sündenfalle
sucht; dass er ferner der bei Adelard empfohlenen Rückkehr
der Seele zu sich selbst und zur Pflege edler Geistesthätigkeit
die Rückkehr zu Gott und die Hinwendung auf die ewigen
Güter des Lebens substituirt, womit natürlich die von Beiden,
von Adelard und von Wilhelm geforderte Wiedergewinnung
der verlorenen Geistigkeit bei Wilhelm einen ausschliesslich
ethisch-religiösen Sinn gewinnt. [1] Diese ethisch-religiöse Geistigkeit wurzelt, weil durch die Wiederherstellungsgnade bedingt,

[1] Spiritualitas est perfectio, per quam avertimus imprimis ab animabus
nostris mala spiritualia, quae sunt vitia et peccata, atque poenas, quae
pro eis redduntur judicio creatoris. De anima V, 12.

in einem supranaturalen Elemente, und unterscheidet sich hiedurch von der in der irdischen Zeitlichkeit unwiderbringlichen natürlichen Geistigkeit, deren sich der Mensch nach Wilhelms Anschauung am Anfange seines Zeitdaseins vor dem Falle erfreute. Sofern nun dieser zeitlich nicht wieder erringbare Stand natürlicher Geistigkeit das Ideal oder die vollkommene Wirklichkeit jener Seelenverfassung ist, welche der Mensch nach Adelards Weisung in der Pflege der Philosophie und der edlen freien Künste anstreben soll, muss Wilhelm in dem von dem Platoniker geforderten Höhengrade natürlicher intellectueller Einsicht eine dem dermaligen Zeitmenschen unerschwingliche Denkhöhe erkennen, obschon er ihr Vorhandensein als das Normale und Gesollte ansieht, und an diesem Normalen und Gesollten den Tiefgrad der Erkenntnissfähigkeit, zu welchem der Mensch durch die Folgen seines Falles herabgedrückt wurde, ermisst. In der Bezeichnung des Tiefpunktes dieses Falles stimmt er auf's Wort mit Adelard zusammen, nur dass er die vom rein menschlichen Standpunkt gewählte Bezeichnung Adelards im christlich-sittlichen Eifer noch sehr verschärft;[1] er ist mit Adelard darin einverstanden, dass die Einsenkung der Seele in den Körper der augenfällige Veranlassungsgrund jener Seelenerniedrigung sei[2] und stimmt in seiner Weise ganz der Behauptung Adelards bei, dass die Seele schon bei ihrem Eintritt in den Körper einen grossen Theil ihrer Göttlichkeit verliere,[3] und in ihrer Verdunkelung durch niedrige Leiden-

---

[1] Debes autem scire, quod perversitas ista non brutalitas, sed brutalitate longe deterior sit. Si brutalitas esset . . . . . assimilaretur uni speciei animalium irrationalium. Manifestum autem est, quoniam ipse assimilatur multis et forte omnibus aliqua perversitate. De anima V, 12.

[2] Revertar ad solvendam quaestionem, quam ob causam benedictus in ultimitate bonitatis bonus atque in ultimitate sapientiae sapiens animam humanam corpori tam noxio conjungat; cum ejus corruptione certum sit ei abyssum praenominatarum miseriarum totam contrahere, videlicet ut brutalibus animalibus comparetur et adaequetur, atque brutalibus animabus omni insipientia omnique vitiorum monstrositate assimiletur. De anima V, 20.

[3] Manifestum est tibi, quid intendant doctores gentis christianorum in sermone, quo dicunt homines nasci animales sive brutales; videlicet quia nascuntur in dispositione contraria sive statu contrario spiritualitati antedictae. De anima V, 12.

schaften und im Haften am Sinnlichen letztlich ihres Ursprunges und Endzweckes vergesse.[1] Er anerkennt, wenigstens bis zu einem bestimmten Grade, die Berechtigung der beredten Klagen des Platonikers Adelard über den Trug der Sinne,[2] und liefert in seiner Schilderung des hohen Glückes zurückgezogener geistiger Meditation und Forschung eine stimmungsverwandte Parallele zu Aeusserungen ähnlicher Art in Adelard's Schrift.[3] Eine directe Bezugnahme auf diese und zugleich auch eine unverholene Hervorstellung seiner theilweisen Missbilligung ihrer Gesinnungsrichtung scheint sich hervorzustellen, wenn er nicht nur andeutet, dass das Glück der philosophischen Medigtion oder der Beschäftigung mit den freien Künsten keineswegs das höchste sei, sondern sich auch in Aeusserungen über die abstracte Trockenheit der Mathematik ergeht, deren ausschliesslicher Betrieb von dem tieferen christlichen Seelen-

---

[1] Ignorantia animarum suarum impossibilis est hominibus; verumtamen cogitatio earum h. e. ut de ipsis vel ipsas cogitent, est eis valde difficilis. Causa autem in hoc est, quia animae nostrae adeo vel natae sunt vel assuetae sequi signa seu notas quae in eis sunt; sequi inquam signa ut signa sunt, et abire per ea quae significant, ut difficillimum sit eis ad se converti et a rebus hujusmodi avocari. De anima III, 13.

[2] Quoniam manifestum est, sensus omnes in multis nuntios esse fallaces atque mendaces, cavendum est . . . . . a mendaciis eorum, quod est dicere, ne credatur eis contra veritatem. De anima II, 15. — Non omnis apprehensio sensibilis falsa vel mendax est, quemadmodum dicit Aristoteles, quoniam sensus circa propria sensata neque errat neque mentitur, ut tactus non errat circa calidum aut frigidum, neque visus circa album aut nigrum aut lucidum aut obscurum. Verum circa primum, et magnum et majus et minus frequenter errat nobisque mentitur; magnitudo enim non est proprium sensatum ipsius, similiter neque magis aut minus, et generaliter circa majoritatem et minoritatem omnium sensibilium et alias etiam comparationes eorum ad invicem frequens est omnes sensus errare. De anima III, 7.

[3] Unusquisque nostrum sentit, quanto dolore vel molestia abstrahimur a meditationibus et contemplationibus rerum, quarum meditationes et contemplationes nobis placent. Quam molestum sit enim unicuique philosophantium avocari et abrumpi per hominum sollicitationes, negotiorum terrenorum occupationes a libris physicis vel secretis rerum philosophicarum cogitationibus nullus philosophicarum scientiarum amator ignorat. Quid igitur mirum, si animae humanae in praedicto felicitatis naturalis existentes delectantur ad contemplationes rerum tam bonarum tamque delectabilium, ut sunt bona illa spiritualia atque sublimia, et ad rerum

bedürfniss mitunter ganz ablenke,[1] obschon nicht zu verkennen
sei, dass derartigen trockenen Studien Ergebene über das Begehren des gemeinen Haufens nach Reichthum, Lust, Ehre
und anderen Gütern ähnlicher Art erhaben seien. Sollte da
nicht auf Adelards Philokosmie und deren Zurückweisung durch
die in Begleitung der sieben freien Künste erschienene Philosophie angespielt sein, und sollte die Bemerkung über die
Trockenheit mathematischer Studien nicht Adelard, dem Verfasser der arabisch-lateinischen Uebersetzung des Euklid gelten?
    Drückt sich hierin ein etwas gespanntes Verhältniss des
Theologen zu der ausser dem Bereiche specifisch christlicher
Anschauungen stehenden Weltweisheit aus, so haben wir nunmehr auch auf jene Differenzen zwischen Wilhelm und Adelard
einzugehen, welche unmittelbar das Philosophische selber betreffen.
Die gegen die Philokosmie das Wort ergreifende Philosophie
setzt der Schmähung der Vernunft durch erstere eine rückhalt-
lose Verwerfung des geistigen Werthes der Sinneserkenntniss
entgegen; dieselbe soll schlechthin keinen Antheil am Zustandekommen der tieferen geistigen Erkenntnisse haben, und
den Geist hierin, statt zu fördern, einfach nur hemmen. Wessen
Blick — ruft Adelard aus — vermag den unermesslichen Him-
melsraum zu umfassen? Welches Ohr seine Harmonie zu ver-
nehmen? welches Auge die Atome zu scheiden? Welches Ge-
hör das Geräusch ihres Zusammenstosses zu unterscheiden?
Keinerlei Vertrauen gebührt den Sinnen; nicht das Wissen,
nur die Meinung könne von ihnen ausgehen. Wilhelm ist mit
dieser absoluten Geringschätzung der sinnlichen Erkenntniss
nicht einverstanden; er meint, dass es sich nicht bloss um die
Erkenntniss der Dinge an sich, sondern auch um die Erkenntniss

inferiorum, sensibilium scil. vel temporalium apprehensiones descendere
non solum non curant, sed molestum habent propter separationem a rebus
sublimibus, quarum cogitatus et contemplatio ultra quam scire nobis
possibile sit, delectabilis est; et intendo, quod molestus est eis descensus
hujusmodi, nisi ex permissione creatoris, vel propter ampliorem magni-
ficationem ipsius, vel propter immutationem aliquam vel utilitatem hujusmodi hominum. De anima V, 18.
[1] Dicit unus e majoribus gentis christianorum theologis, quod arithmetica
et geometria, etri veritatem contineant, non sunt scientiae tamen pie-
tatis. Ibidem.

der Grösse und Herrlichkeit des in ihnen sich offenbarenden
Schöpfers handle, die auch demjenigen, der nicht Philosoph
ist, im Anblicke der sichtbaren Welt sich vernehmbar machen
müsse.[1] Zudem seien im Stande der gefallenen Natur die
Sinne ein unentbehrliches Vehikel zur Erkenntniss der Sinnendinge, deren inneres Wesen der verdunkelten Erkenntnisskraft
des menschlichen Intellectes nunmehr verdeckt ist und nur
unter der Hülle der sinnlichen Accidentien sich zeigt.[2] Aber
auch dann, wenn die menschliche Seele ihre intellectuelle
Sehkraft noch ungeschwächt besässe, müsste es für sie einen
grossen Reiz haben, die Dinge nicht bloss nach ihrer inneren,
dem menschlichen Intellecte vernehmbaren Seite, sondern auch
nach ihrer sinnlichen Aussenseite sich zu besehen.[3] Das Ver-

---

[1] Adaugetur animabus humanis non modicum vis magnificandi creatorem
ex sensibili cognitione sensibilium et particularium. Cum enim conside-
rant, quod tam multipliciter vult eis innotescere creator videlicet testi-
moniis virtutis intellectivae, quae accipiuntur a rebus intelligibilibus, cognos-
cunt indubitanter, quam magnificari velit ipse creator, qui tam multiplicia
testimonia potentiae et bonitatis suae dat animabus nostris. De anima
V, 18.

[2] Nunc autem h. e. tempore miseriae et corruptionis praesentis necesse habent
animae humanae mendicare a rebus sensibilibus per sensus cognitiones
eorum sensibiles, propter obtenebrationes virtutis intellectivae, quae ad
exteriora particularia et sensibilia penitus coeca est, et ad illa omnino
non attingens nisi sensibus adjuta et aliquatenus illuminata. Sensus
enim, sicut ait unus ex majoribus philosophis Latinorum, nihil integritatis
percipit, sed usque ad proximum venit, ratio vero quaedam subesse per-
pendit et intelligit i. e. substantiam subesse varietati accidentium . . . .
Quapropter a propria luce naturali et intima destituta mendicat lumina
sensuum et rerum particularium sensibilium; propter eandem adjuvari
necesse habet, quemadmodum et nos destituti a luce solari et lumine
diei lucernas nobis accendimus. Ibidem.

[3] In sublimi contemplationis et delectationis spiritualis existens anima humana,
non est dubium quin etiam de ordine universi et de partibus ejus, quarum
altera est mundus sensibilis, multa cogitet et cognoscat; et licet cognitione lucidiori quam sit ea cognitio, quae per sensus est, nihil tamen pro-
hibet eidem posse placere, ut aliter res sensibiles cognoscat et de eis
experiatur, et hoc unusquisque apud se ipsum per se cognoscit. Plerum-
que quod auditu cognoscimus, videre cupimus; multa enim quae per demonstrationes scimus etiam per sensum cognoscere volumus et experiri.
Quamvis enim certissima sit atque firmissima cognitio demonstrativa,
tamen saepissime ea, quae per demonstrationes cognoscimus, sensibus
probare et experiri volumus. De anima V, 17.

hältniss der Sinne zum Intellect entspricht dem Verhältniss
der Sinnendinge zur Welt der reinen Geister; wie die geistigen
und sinnlichen Realitäten in ihren vielfachen Abstufungen ein
harmonisches Ganzes, gleichsam ein Tongemälde oder eine
Tonschöpfung bilden, in welchem die höheren Töne durch die
geistigen Creaturen, die tiefen und unteren Töne aber durch
die sinnlichen Realitäten vertreten sind, so bilden die niederen
und höheren Erkenntnisskräfte des Menschen ein harmonisches
Ganzes, und seine Erkenntniss setzt sich aus der Thätigkeit
beider als eine gleichsam musikalische Symphonie zusammen.[1]

Wir wollen den Werth dieses poetischen Bildes nicht all-
zuhoch veranschlagen, da es ziemlich unklar gedacht ist, sondern einfach davon Notiz nehmen, dass Wilhelm, der unter
den freien Künsten die Musik so sichtlich vor der Mathematik
bevorzugt, von der nahen und innigen Beziehung beider zu
einander keine Ahnung zu haben scheint, und nach dieser
Seite kein Verständniss für die echte Platonik verräth. Wie
verhält es sich aber mit seiner Idee vom Menschen, den er,
wie wir eben hörten, als ein musikalisches Ganzes auffasst?
Fügen sich die Töne dieses mikrokosmischen Ganzen zu einer
in sich geschlossenen Einheit zusammen, die den Menschen
nach seinem specifischen Charakter als kosmisches Central-
wesen, als Weltwesen par excellence hervortreten liesse? Dass

---

[1] Cum inspexeris decorem et magnificentiam universi in omnibus scil. partibus suis spiritualibus et corporalibus, invenies indubitanter omnia et
singula clamare, imo cantare quod est concorditer super musicalem omnem
suavitatem resonare laudes et gloriam creatoris, ipsumque universum esse
velut canticum pulcherrimum, quod ipse in cythara sua, quae est unigenitus,
Dei filius, ineffabilis suavitatis concentu modulatur . . . . apparebit tibi
. . . . . sublimissimas ac nobilissimas creaturas praecinere tanquam voces
excelsissimas et acutissimas, sensibiles vero et inanimatas succinere tanquam
gravissimas demississimasque voces; ceteras vero creaturas pro varietate
alias quidem gravius, alias excelsius quidem et acutius resonantes, et
extremis mira concordia consonantes concentum mirae jucunditatis efficere,
concentum quidem non auribus corporalibus audibilem, sed auribus spiritualibus ineffabili suavitate delectabilem. Et quoniam sicut res ad res
se habere noscuntur, sic vires seu virtutes apprehensivae seu motivae illis
adjunctae et appropriatae se habent ad invicem, necesse quemadmodum
res rebus succinunt videlicet sensibiles intelligibilibus, sic et sensibiles
cognitiones et ipsos sensus ad intelligibiles et intellectum seu intellectivam
virtutem succinere necesse est. De anima V, 18.

wir von einer solchen Erwartung Abstand zu nehmen haben,
wurde schon in der Abhandlung über die Psychologie Wilhelms
von Auvergne erinnert: hier wollen wir nur sehen, wie er sich
hinsichtlich seiner anthropologischen Grundanschauungen zu
jenen Männern verhält, mit welchen ihn zu vergleichen wir
uns in dieser Abhandlung zur Aufgabe stellten. In den ziemlich unbestimmt und allgemein gehaltenen Aeusserungen Adelards
über die Beseelungsprincipien der Körper ist von der menschlichen Seele als Lebensprincip des menschlichen Leibesgebildes
nicht speciell die Rede. In Bezug auf den menschlichen Körper
wird gesagt,[1] dass die wesentlich der Veränderung unterworfene
Natur des Körpers des Höchsten, des Niedrigsten und des
Mittleren fähig gewesen sei. Als das Mittlere hat man die in
θυμός und ἐπιθυμητικόν sich gliedernde Kraft anzusehen, mittelst
welcher der ohne Zweifel durch die Weltseele lebendig ge-
machte Körper von dem intellectiven Principe regiert werden
soll. Wilhelm weiss nichts von einem allgemeinen Beseelungs-
principe der Körperwelt, und hat jedenfalls die Annahme eines
solchen für seine anthropologischen Anschauungen nicht nöthig,
da er sich der Bibel und Kirchenlehre gemäss die gesammte
Menschengattung Einem unmittelbar durch Gott selber geschaffenen Menschenpaare entstammt denkt, und das sinnliche Leibes-
leben durch die dem Zeugungssamen immanenten Vitalkräfte
propagirt werden lässt. Jeder Embryo ist als solcher etwas
Lebendiges, da die Eltern nur lebendige Körper zeugen können;[2]
aber diese von den Eltern überkommene Lebendigkeit des Embryo geht unter in der Vitalkraft der nachfolgend in den
Embryo eintretenden intellectiven Seele, die unter Einem zugleich auch Animations- und Empfindungsprincip des von ihr
in Besitz genommenen Organismus ist. Die Seele tritt in den
Embryo ein, wenn dieser durch die ihm immanente Gestal-
tungskraft so weit ausgebildet ist, dass er geeignet ist, von
der ihm zugedachten Seele in Besitz genommen zu werden:
das Verhältniss der Seele zu dem von ihr in Besitz genommenen Körper verdeutlichet Wilhelm nach Art der christlichen
Platoniker durch das Verhältniss des Reiters zu seinem Pferde,

---

[1] Vgl. Jourdain, Gesch. d. aristot. Schr., S. 257.
[2] De anima IV, 3.

des Bewohners zu seinem Hause, des Arbeiters zu seinem In-
strumente, des Bekleideten zu seinem Gewande. Gleichwol
erklärt er sich gegen die von Hugo a St. Victore festgehaltene
Ansicht, dass die Seele durch sich selber schon das Menschsein
des Menschen ausmache; die Seele ist bloss die constitutive
Form des Menschenwesens, der Mensch selber aber das Totum
aus Form und Materie.[1] Er kommt indess nicht dazu, die
Weltstellung des Menschen als dieses Totum's zu bestimmen;
wenn er gelegentlich den platonischen Gedanken vom Menschen
als Mikrokosmos billigend erwähnt,[2] so hat diess nicht viel zu
bedeuten, da eine tiefere Fassung und nähere Beleuchtung
dieses Gedankens gänzlich ausser seiner Absicht liegt. Die
Weltstellung des Menschen wird einzig· nur mit Rücksicht auf
die Location der Menschenseele in der Stufenleiter der Wesen
als Mittelwesen zwischen den Engeln und Thierseelen bestimmt.[3]
Schon diese Angabe der kosmischen Stellung der Menschenseele zeigt, in wie begrenztem und verengendem Sinne Wilhelm jene Stellung auffasst; er findet für sie eine ganz neue,
vor ihm niemals zur Sprache gebrachte Rangirung, wenn er
sie als Mittelwesen in der Reihe der unkörperlichen Lebewesen
auffasst. Sie hat mit den Engeln die Intelligenz, mit den
Thierseelen die animalischen Dispositionen und Begehrungen
gemein, die aber freilich nach Wilhelm erst mit dem Sündenfalle actuell hervorgetreten sind.[4] Er fasst dieses Hervortreten
als eine Verkehrung der ursprünglichen irasciblen und con-
cupisciblen Kraft der Seele, die also ursprünglich auf das
Geistige, Himmlische und Göttliche gerichtet gewesen sein
müssen. Es braucht kaum gesagt zu werden, dass hier eine
Fusion und Verwechslung der ethischen Seelenrichtung mit
jenen Vermögen oder Functionen statt hat, welche in Plato's
trichotomischer Schematisirung des inneren seelischen Menschen
als die der Vernunft subordinirten Functionen des θυμός und
ἐπιθυμητικόν erscheinen. Eben so klar ist ferner, dass die Seele

---

[1] De anima I, 2.
[2] De universo I, Pars 3, c. 97.
[3] Vgl. die kleine Abhandlung Wilhelms de immortalitate animae. Opp.
Tom. I, p. 332.
[4] De anima V, 13.

nicht als Mittleres zwischen Engeln und Thierseelen erscheint,
wenn der θυμός und das ἐπιθυμητικόν erst in Folge des Falles
als dem thierischen Seelenleben ähnliche Kräfte und Strebungen
hervorgetreten sind; die Menschenseele ist ja da erst in Folge
des Falles jenes Mittlere zwischen Engeln und Thierseelen
geworden, welches mit den Engeln die Intelligenz, mit den
Thieren den animalischen Zornmuth und die sinnlichen Begeh-
rungstriebe gemein hat; nichts zu sagen davon, dass die der
Seele durch die sinnliche Leiblichkeit aufgedrungenen sinnlichen Begehrungen als Functionen, Kräfte oder Begehrungen
der Seele selber gefasst werden sollen, als ob sie in einem
Können oder natürlichen Begehren der Seele ihre natürliche
Wurzel hätten. [1] Wenn Adelard das Irascibile und Concupis-
cibile überhaupt nicht zum Wesen der gottähnlichen, sich selbst
gleichen Seele rechnet, sondern als etwas zum sinnlichen und
vergänglichen Theile des Menschenwesens Gehöriges betrachten
zu wollen scheint, so fühlt Wilhelm allerdings, dass, wenn
man die intellective menschliche Seele als ein lebendig wollen-
des und strebendes Wesen fassen wolle, man jene Kräfte zu
ihrem eigensten Wesen rechnen müsse, begeht aber den groben
Fehler, das in der sinnlichen Animalität des Menschen Be-
gründete aus jenen Kräften abzuleiten — ein Versehen, das
bei seinem Nichtwissen um die nach verschiedenen Graden
abgestufte und vielfältig diversificirte Lebendigkeit alles Natürlichen und Körperlichen freilich ziemlich erklärlich ist. Den
Inconvenienzen, welche aus diesem Mangel eines lebendigeren
Naturbegriffes auf dem Gebiete der Anthropologie erwuchsen,
vermochte auch die von den Platonikern jenes Zeitalters angenommene Weltseele nicht abzuhelfen; augenscheinlich natürlicher und anscheinend um Vieles befriedigender wussten die
arabischen Aristoteliker, deren kosmologische Lehren gegen
Ende jenes Jahrhunderts im christlichen Abendlande bekannt
zu werden begannen, den auf anthropologischem Gebiete vorhandenen Nöthen und Wirren zu begegnen — freilich nur
im Geiste eines naturalistischen Kosmismus, gegen welchen

---

[1] Quantum igitur ad ea, quae vires animales habent ex corpore, radices
ipsae pendent ex essentia ipsius animae velut radii protensi ex luminosi-
tate ipsius. De immort. an., l. c.

das ethisch-religiöse Bewusstsein des christlichen Abendlandes auf das entschiedenste zu reagiren sich aufgefordert fühlte. Sofern die arabischen Aristoteliker auch neuplatonische Elemente in ihre Lehren aufgenommen hatten, berührten sie sich einigermassen mit solchen christlichen Platonikern, welche sich auf emanatianistische Grundanschauungen stützten; wir können in dieser Hinsicht eine Art geistiger Continuität zwischen den Lehren Bernhards von Chartres, und den nach ihm im Abendlande bekannt werdenden Lehren eines Alfarabi, Avicenna, Algazel, so wie des Juden Avicebron annehmen, mit welchen sich bereits Wilhelm mehr oder weniger umständlich auseinanderzusetzen veranlasst sah.

Bernhard von Chartres, auf dessen Anschauungen Wilhelm in seinem Werke de Universo unzweifelhaft Bezug genommen hat, heisst bei Johann von Salisbury [1] der vollkommenste Platoniker seines Zeitalters; es wird weiter von ihm bemerkt, dass er und seine Schüler sich um eine Concordirung des Plato und Aristoteles bemüht hätten,[2] was aber nicht recht habe gelingen wollen. In Bezug auf Bernhard kann dieses Ausgleichungsbestreben unter Anderem auch darauf bezogen werden, dass in die Welt der reinen Ideen, in welcher Alles, was in der wirklichen Welt zur Erscheinung kommt, urhaft vorgebildet ist, auch die aristotelischen Kategorien als urbildliche Realitäten aufgenommen sind. Die Art und Weise, wie Bernhard sich diese Idealwelt denkt, in welcher alles Sein und Geschehen in der Welt vom Allgemeinsten bis in's Einzelnste urbildlich präformirt und prädeterminirt ist, macht es nothwendig, diese Idealwelt als eine lebendige Wirklichkeit zu fassen, in welcher Alles, was in der aus der Hyle geformten Welt in zeitlicher Succession hervortritt, in zeitloser Simultaneität als erste urhafte Schöpfung vorhanden ist. Die Idealwelt ist also selber schon eine urhafte Schöpfung Gottes, die der göttliche Verstand als ewige Schöpfung in sich trägt; als Schöpfung kann sie aber nicht mit dem Schöpfer coätern sein, da ihr dieser als Ursache nothwendig vorauszudenken ist; sie hat nur als göttliche Gedankenconception an der Ewigkeit ihres

---

[1] Metalogicus IV, 35.
[2] Metalog. II, 17.

Conceptors Theil, gleichwie die aus der Hyle gebildete wirkliche Welt in ihrer Weise an der Aeternität der Idealwelt, die in der wirklichen sich abbildet, Theil hat, indem die zeitliche Succession eben nur eine successive Entfaltung und Hervorstellung dessen ist, was in der urbildlichen Idealwelt in zeitloser Simultaneität vorhanden ist. Wie die urbildliche Idealwelt eine Schöpfung des göttlichen Verstandes ist, so ist auch die Hyle, in welcher sie sich abschatten und abgestalten soll, eine Schöpfung des göttlichen Willens; damit soll der antiken platonischen Weltlehre gegenüber der christliche Standpunkt gewahrt werden, der zudem diess voraus hat, dass er Alles strenge auf eine letzte einheitliche absolute Ursache, die keine andere neben sich hat, sondern jede andere aus sich selbst heraussetzt oder durch sich selber gründet, zurückführt. Die Gottheit als absolute Wirkungsursache alles Scienden gründet durch sich selbst die wirkliche Welt, indem sie die Hyle schafft, aus welcher die wirkliche Welt herausgebildet werden soll; sie setzt die wirklichen Ursachen des von der wirklichen Welt umschlossenen Seins und Geschehens aus sich heraus, indem aus dem göttlichen Verstande (Noys = νοῦς) die Endelychia (= ἐντελέχεια) emanirt, die als lebendiges Gestaltungsprincip in die für den Weltgestaltungsprocess durch die Providenz vorbereitete und signirte Hyle eingeht. Für die Beschreibung des Weltgestaltungsprocesses dient der platonische Timäus als Vorbild; wir kennen sie übrigens nur aus jenen Bruchstücken, die theils von den Verfassern der Histoire littéraire de la France,[1] theils im Anhange zu Cousins Ausgabe der Oeuvres inédits d'Abélard (p. 627 ff.) aus Bernhards handschriftlich vorhandenem Megacosmus et Microcosmus der literarischen Oeffentlichkeit anheim gegeben worden sind. Die in der Idealwelt bis in's Einzelnste vorgezeichnete Prädetermination des Weltlaufes drückt dem Weltsysteme Bernhards einen ziemlich deterministischen Charakter auf. Dem Weltlaufe ist der göttliche Wille imprägnirt, der sich in der Yrmarmene (εἱμαρμένη) zur unverbrüchlichen Geltung bringt. Die Yrmarmene emanirt aus der Natura, wie die Natura aus der Endelychia: unter der Natura ist der den göttlichen Ideen gemäss gestaltete Weltstoff

---

[1] Tom. XII. p. 267.

zu verstehen, dessen Determinationen in den das irdische oder niederweltliche Geschehen ursächlich bestimmenden oberen Weltkreisen enthalten sind. Der absolute Repräsentant der Niederwelt ist in Bezug auf seine irdische Leiblichkeit der Mensch,[1] der aber nach der geistigen Seite seines Wesens in den Himmel hineinragt,[2] und wenn sein irdisches Wohnhaus, der Erdenleib, aufgelöst ist, an den Ort seiner himmlischen Abkunft zurückkehrt, von dem er ausgegangen ist.[3] Damit ist in der Fassung, die Bernhard diesem Gedanken gibt, auch die Präexistenz der Seelen ausgesprochen,[4] und zugleich gesagt, dass die präexistente Menschenseele durch ihre Einsenkung in den Leib in das Geschick des Weltlaufes hineingezogen, und der die irdische Niederwelt beherrschende Yrmarmene unterthan wird, obschon sich diese Unterjochung unter die Herrschaft des Schicksales,

---

[1] In einem Fragmente aus Bernhard's Commentar zu Virgil's Aeneis heisst es: Corpus inferius spiritibus et accidentibus. Corporum iterum quædam sunt coelestia, quædam caduca. Sunt caduca, quæ sunt dissolubilia. Caducorum quædam sunt hominum, quædam bestiarum et herbarum vel arborum, quædam inanimatorum. Humanum vero reliquis est inferius ..... Cumque nil inferius humano corpore, infernum idem appelatur. Oeuvres inéd. d'Abélard, Apprenice, p. 642.

[2] In einem poetischen Fragmente aus Bernhard's Megakosmos (Oeuvres inéd. d'Abélard p. 634) heisst es vom Menschen:

> Effigies cognata deis, et sancta meorum
> Ac felix operum clausula fiet homo;
> Mentem de coelo, corpus trahet ex elementis,
> Ut terras habitet corpore, mente polum.

[3]
> Sed cum nutarit, numeris in fine solutis,
> Machina corporeæ collabefacta domus,
> Aethera scandet homo, jam non incognitus hospes,
> Præveniens stellæ signa locumque suæ.   (Ebendas. p. 635.)

[4] Nach Vollendung der makrokosmischen Schöpfung requiriren die Noys und die Natura den Beistand der Urania zur Erschaffung des Menschen. In der Schilderung der Reise, welche die beiden zum Sitze der Urania sich begebenden Göttinnen durch den Weltraum machen, kommt folgende Stelle vor: Cancri circa confinium turbas innumeras vulgus aspicit animarum; quæ quidem omnes vultibus quibus itur ad coelum, et quibusdam quasi lacrimis exturbatæ. Quippe do splendore ad tenebras, de coelo ditis ad imperium, de æternitate ad corpora per cancri domicilium quæ fuerant descensuræ, sicut puræ, sicut simplices obtusum cuicumque corporis, quod apparari prospiciunt, habitaculum exhorrebant. L. c. p. 632.

wie aus dem Zusammenhange des ganzen Systems heraus-
leuchtet, nur auf den äusseren irdischen Menschen bezieht,
während der innere seelische Mensch in seinem geistigen Wesen
und Leben die Macht des Schicksals überragt, und als Wollen-
der keine andere Macht, als jene des prädeterminirenden göttlichen Willens selber über sich hat.

Diese Andeutungen über Geist und Inhalt der philosphi-
schen Weltlehre Bernhards von Chartres werden ausreichen,
ihn als einen ausgesprochenen Platoniker erkennen zu lassen,
und zwar unverkennbar einen solchen, der sich mit dem Geiste
und der Denkart zweier grosser Vorgänger, eines Origenes
und eines Scotus Erigena in mehr als einer Beziehung sehr
nahe berührte, obwohl er sich von Beiden auch wieder bestimmt
genug unterscheidet. Sein Streben verfolgt, obwohl auf christlichem Boden stehend, eine freiweltliche Tendenz; es ist ihm
um Schaffung einer philosophischen Kosmologie zu thun, welche
den höchsten Abschluss und die geistige Hinterlage der in
seinem Zeitalter betriebenen sieben freien Künste bilden sollte,
in jenem Sinne, in welchem wir bei Adelard von Bath die
Philosophie von den sieben Künsten umgeben auftreten sahen.
Durch diese Richtung auf das Kosmische als solches unterscheidet er sich wesentlich von den religionsphilosophischen
Tendenzen eines Erigena und Origenes, und löst weder mit
ersterem die Materialität in blossen Sinnenschein auf, noch
wird ihm, wie letzterem, der Geisterfall zum occasionellen
Entstehungsgrunde der Körperwelt. Er theilt aber mit Origenes
die Lehre von der Präexistenz der Seelen, und wird sich wohl
auch die christliche Auferstehungslehre auf eine den orige-
nistischen Anschauungen ähnliche Art zurechtgelegt haben, daher man die von Wilhelm von Auvergne in beiden Stücken
gegen Origenes gerichtete Polemik beziehungsweise auch als
gegen Bernhard von Chartres gekehrt wird ansehen dürfen.
Dasselbe gilt von Wilhelms Erörterungen über Vorsehung,
Fatum und Yrmarmene, so wie über den Kreislauf der Welt-
entwicklungsperioden; was er weiter über die Lehre von der
Weltseele, so wie über die platonische Ideenlehre bemerkt, ist
insgemein mit Beziehung auf die Platoniker des zwölften Jahrhunderts gesprochen.

Bezüglich der Weltseele bemerkt Wilhelm von Conches,[1] dass sie von einigen Zeitgenossen mit dem heiligen Geiste der Trinitätslehre identificirt werde; andere hielten sie für den allem Lebendigen eigenen vigor naturalis; wieder Anderen gelte sie als eine unkörperliche Substanz, welche in jedem einzelnen Körper nach ihrer Ganzheit vorhanden sei, obschon sie wegen der Trägheit mancher Körper nicht in allen gleichmässig durchgreifen könne. Diese letztere Ansicht ist jene Bernhards von Chartres[2] und ohne Zweifel auch die Wilhelms von Conches, indem er die Wesenheit der Weltseele in ähnlicher Weise wie Bernhard als einen Auszug und eine Ineinsbildung vom Dieselbigen und Verschiedenen, Geistigen und Körperlichen ansieht. Die Identität der platonischen Weltseele mit dem heiligen Geiste der christlichen Trinitätslehre ist bekanntlich eine Lieblingsmeinung Abälard's,[3] der aber damit nicht etwa sagen wollte, dass der heilige Geist der das gesammte sichtbare Universum durchdringende Lebensgeist oder die Seele des Universums sei, sondern umgekehrt, dass Plato eine hohe alte Weisheitslehre, die das Geheimniss der heiligen göttlichen Trias in sich schloss, in mythisch-poetischer Schilderung wiedergebend und vor ungeweihten Blicken verhüllend, durch seine Lehre von der Weltseele nur die Wahrheit habe ausdrücken wollen, der von der göttlichen Macht und Weisheit ausgehende Geist des Lebens und der Weihe gehe in die Seelen der gottgeweihten Frommen als innerste Lebensseele ein — gemäss dem augustinischen Satze, dass, wie die Seele das Leben des

---

[1] Περὶ διαξέων, sive elementorum philosophiae libri quatuor.

[2] In einem der von Cousin aus dem Megakosmos mitgetheilten Fragmente heisst es: Ubi igitur animae mundique de consensu mutuo societas intervenit, vivendi mundus nactus originem, quod de spiritu infusione susceperat, mox de toto reportavit ad singula, eo vitae vel vegetationis genere cui pro captu proprio fuerant aptiora. Aetherea aethereis, pura puris conveniunt. Cum coelo, cum syderibus endelychiae vis et germanitas invenitur. Unde plenaque nec decisa potentiis ad confortanda coelestia supera regione consistit. Verum inferioribus virtus ejus degenerat. Quippe imbecillitas corporum tarditatem importat, quo se minus talem oxserat, qualis est per naturam. Oeuvr. inéd. d'Abélard p. 629.

[3] Sie findet sich näher ausgeführt im ersten Buche von Abälards Introductio ad theologiam, sowie weiter im ersten Buche seiner Theologia christiana. Vgl. Abaelardi Opp. (ed. Cousin) Tom. II. p. 16 ff. u. 379 ff.

Leibes, so Gott das Leben der Seelen sei.¹ Plato habe indess
recht wohl den heiligen Geist die Seele der Welt nennen
können, da in der That Alles in Kraft der göttlichen Güte
lebe und in der vorausordnenden Güte Gottes sein wahres,
eigentliches Leben habe.² Wilhelm von Auvergne, welcher
die Identificirung der Weltseele mit dem heiligen Geiste, oder
vielmehr des heiligen Geistes mit demjenigen, was nach all-
gemeiner Ansicht unter der Weltseele verstanden wird, als ein
sacrilegisches Attentat gegen den Kirchenglauben bekämpft,³
kannte augenscheinlich Abälards Lehre bloss vom Hörensagen,
vielleicht aus dem Briefe Wilhelms von Thierry an Bernhard
von Clairvaux,⁴ wo dieselbe Beschuldigung gegen Abälard vorgebracht wird, was um so sonderbarer erscheint, da der Kläger
das Verzeichniss der Irrthümer Abälards eben aus jenen beiden
obenerwähnten Schriften desselben, den Hauptwerken Abälards,
gezogen haben will. Bernhard von Clairvaux, der ein aus den
selbsteigenen Worten Abälards zusammengestelltes Verzeichniss
der irrigen Meinungen desselben anfertigte,⁵ liess selbstver-

---

¹ Die näheren Erklärungen, welche Abälard (Opp. Tom. II, p. 48) über
  die Nothwendigkeit, Plato's Lehre in der angegebenen Weise zu deuten,
  gibt, zeigen, dass ihm, dem Dialektiker, der Gedanke einer lebendigen
  Natur nicht bloss fremd, sondern geradezu unverständlich war: Clarum
  est, quæ a philosophis de anima mundi dicuntur, per involucrum acci-
  pienda esse. Alioquin summum philosophorum Platonem summum stul-
  torum deprehenderemus. Quid enim magis ridiculosum, quam totum
  mundum arbitrari unum animal esse rationale? ..... Animal quippe non
  potest esse nisi sensibile; quis autem ex quinque sensibus mundo inesse
  poterit, nisi forte tactus? ... Atque est pars corporis mundi, qua ipse si
  tangatur, sentire queat magis quam arbores et plantæ, quæ eadem anima
  vivificari dicuntur. Numquid ex effossione terræ potius sentiret mundus,
  quam arbores ex frondium avulsione vel totius corporis sui abscissione?
  Præterea, quid opus erat creatione animarum nostrarum, quas postea factas
  esse Plato commemorat, aut quid opus est animam mundi his corporibus
  nostris inesse, quæ non animat? Gegen diesen letzteren Einwand, der
  dazumal öfter vorgebracht worden zu sein scheint, bemerkt Wilhelm
  von Conches: Non dicimus animam mundi esse animam, sicut nec
  caput mundi esse caput (Περὶ διδαξέων Lib. I.
² Abælard. Op. Tom. II, p. 379.
³ De universo I, Pars III, c. 33.
⁴ Dieser Brief findet sich in der Sammlung der Schriften Bernhards (Opp.
  ed. Venet., Tom. I) als ep. 326.
⁵ Vgl. Abælard. Opp. II, p. 765 ff.

ständlich diesen Punct fallen; und was Wilhelm von Auvergne
wider den angeblichen glaubenswidrigen Irrthum Abälards vor-
bringt, beruht auf einer ganz falschen Vorstellung von der
durch Wilhelm von Thierry Abälard zur Last gelegten Identificirung des heiligen Geistes mit der Weltseele.

Angesichts der unkritischen Gläubigkeit, mit welcher Wilhelm von Auvergne die unrichtige Angabe über Abälards vermeintlichen Irrthum hinnimmt, fällt es einigermassen auf, wenn
er auf eine eigene Untersuchung darüber eingeht, in welchem
Sinne Plato's Lehre von der Weltseele zu verstehen sei,[1] ja
wenn er bei dieser Gelegenheit für eine nach ihrem Wortlaute
anstössige Aeusserung des Saracenen Abumasar[2] um eine mil-
dernde Deutung sich bemüht, nach deren Grundsätzen sich
wohl auch der vermeintlichen Identität des heiligen Geistes
mit der Weltseele ein erträglicher Sinn hätte abgewinnen lassen.
Wilhelm kann nicht glauben, dass Plato das ganze sichtbare
Universum als Ein lebendes Wesen (unum animal) angesehen
haben soll; der Ausdruck unum animal könne sich bloss auf
die himmlische Welt, die mit der Mondsphäre beginnt, beziehen,
oder sei vielleicht gar nur auf die Fixsternsphäre als oberste
und höchste Weltsphäre zu beschränken; denn die beiden noch
höheren Sphären, die neunte und zehnte, werde Plato kaum
gekannt haben. In dieser seiner Voraussetzung wird Wilhelm
dadurch bestärkt, dass Avicenna den Himmel ein Gott dienen-
des Lebewesen nenne; wenn Abumasar Gott den Geist des
Himmels nenne, so werde man das Wort ‚Gott‘ da wohl nur
im äquivoken Sinne zu verstehen haben. Angenommen, dass
Plato unter der Weltseele das Beseelungsprincip der obersten
Weltsphäre gemeint habe, frage es sich, wie er über die Beseelung der übrigen Himmelssphären dachte; und da scheine
es am angemessensten, anzunehmen, dass er jeder derselben
eine besondere Seele zutheilte, und alle diese Seelen zusammen
als die Eine aus dem Dieselbigen und dem Verschiedenen zu-
sammengesetzte Weltseele genommen habe. So habe Plato
auch Kopf, Herz und Matrix im Menschen als besondere Lebewesen bezeichnet und doch den Menschen in seiner Ganzheit

---

[1] De Univ. Ps. 3, c. 29 ff.

[2] Abu Maschar (Dschiafer Ben Mohammed Ben Omar) † 885.

als Ein Lebewesen angesehen. Wie ferner Plato das Haupt
für den eigentlichen Menschen nahm, den Rumpf aber nur als
die das Haupt tragende Säule ansah, so wird er auch den
obersten Himmel für den dem Haupte des mikrokosmischen
Menschen entsprechenden Haupttheil des Makrokosmos, und
den gesammten anderen Theil des Universums für den Träger
jenes obersten Theiles genommen haben. Er dachte wohl die
Welt als Eine, aber die Einheit derselben verlegte er in den
obersten Himmel, und als Einheitsprincip sah er die daselbst
wohnende Seele an, deren Wirksamkeit sich zufolge der Con-
tiguität der Himmelssphären in alle übrigen verpflanzte. Man
kann die in den übrigen Sphären wirksamen Influenzen der
in der obersten Sphäre wohnenden Seele als Sonderseelen betrachten in jenem Sinne, in welchem Plato den dem Haupte
subordinirten Regionen des Menschenleibes eine Sonderseele
zuwies. Vergleicht man Wilhelms Auffassung der platonischen
Weltseele mit jener Abälard's, so ergibt sich, dass bei Abälard
viel weniger von ihr übrig bleibt, als bei Wilhelm; während
letzterer in ihr eine, wenn auch auf eine obere Sphäre des
Weltraums beschränkte kosmische Realität erkennt, so bleibt
bei Abälard von dieser kosmischen Realität gar nichts übrig,
mit Ausnahme der durch die göttliche Güte oder den heiligen
Geist gewirkten musikalischen Massverhältnisse der Schöpfung,[1]
in denen nach Wilhelm[2] das Wesen der Weltseele eben nicht
bestehen soll; es hiesse dies nach Wilhelms Dafürhalten die
Lehre Platons mit jener des Pythagoräers Philolaus verwech-
seln. Betreffs der Frage, ob die Annahme einer Weltseele
mit dem christlichen Glauben vereinbar sei, spricht sich Wilhelm nicht geradezu verneinend aus;[3] allerdings wisse die Bibel
nichts von einer Weltseele, und das gläubige Volk werde durch
Erwähnung derselben ganz fremdartig angemuthet; gegen den
christlichen Glauben würden aber nur Jene verstossen, welche
die Seelen der Himmelssphären zu Lenkerinnen der irdischen
und menschlichen Dinge machen wollten oder das Geschehene
in der menschlichen Welt geradezu durch sie bestimmt wer-

---

[1] Abälard Opp. II, p. 10 ff.
[2] De Univ. I, Ps 3, c. 30.
[3] O. c., c. 31.

den liessen. Eine Beseelung der sublunaren Welt werde man mit Aristoteles bestimmt abzulehnen haben; das vegetative und animalische Generationsleben der Erdsphäre wird im Einklange mit der heiligen Schrift und christlichen Lehre aus der Befruchtung des Wasser- und Erdelementes durch das göttliche Segenswort abzuleiten sein.[1] Die Unbeseeltheit der vier Elemente hebt so wenig die platonische Idee der Weltbeseelung auf, als die Unbeseeltheit der quatuor humores des menschlichen Leibes hindert, dass der Mensch ein Lebewesen sei. Diess gehe auch ganz gut mit Plato zusammen, der den Menschen als mundus minor nach Analogie des mundus major fasst, von diesem aber lehrt, dass die obere Welt nicht der sublunarischen Welt, wohl aber diese jener bedürfe.

Wenn Abälard bereits dasjenige, was Plato Weltseele nannte, unmittelbar als göttliche Machtwirkung nahm, und das Princip dieser Wirkung in die göttliche Wesenheit hinein verlegte, so musste er consequenter Weise auch die platonische Ideenwelt unmittelbar in das göttliche Denken hineinverlegen. Wilhelm von Auvergne ist in diesem Punkte natürlich derselben Ansicht, und erklärt gleich Abälard, dass gemäss den Anschauungen der christlichen Theologie der mundus archetypus im Sohne Gottes gegeben sei, der als wesensgleiches Abbild des göttlichen Vaters zugleich das vergegenständlichte göttliche Urbild der Welt sei.[2] Hier erwächst aber die Frage, wie und in welchem Sinne Gott Urbild der Welt sein könne; die Erörterung dieser Frage veranlasst Wilhelm, sich principiell über sein Verhältniss zur platonischen Lehre auszusprechen, wobei denn auch seine grundsätzliche Abweichung von älteren und zeitgenössischen Platonikern zu einem sehr entschiedenen Ausdrucke gelangt. Er geht in dieser Erörterung von der Bestimmung des richtigen Verhältnisses des Geschaffenen zu seiner göttlichen Ursache aus.[3] Vor allem steht es ihm fest, dass Gott das urhaft Seiende sei, zu dessen Realität sich das creatürliche Sein bloss wie ein Schatten verhält. Daraus folgt aber nicht, dass es aller Realität ermangele; sondern in dem Grade, als es an der Wahrheit, Schönheit, Güte, Hoheit, Weis-

---

[1] L. c., c. 27.
[2] De Univ. II, P₄. 1. c. 17.
[3] De Univ. II, P₄. 1, c. 33 ff.

heit u. s. w. des göttlichen Seins Theil hat, participirt es auch
an der Realität desselben, obschon ihm Sein, Wahrheit, Güte
u. s. w. im Verhältniss zu Gott nur äquivok und beziehungsweise beigelegt werden kann. Plato hat darin gefehlt, dass er
alle Aussagen über die sichtbaren Dinge als solche nahm, die
bloss gleichnissweise und mit Beziehung auf eine höhere geistige Realität über ihnen, von welcher sie in Wahrheit ausgesagt würden, zu gelten hätten. Jeder muss einsehen, dass die
Erde oder das Feuer nicht in jenem Sinne Erde und Feuer
genannt werden, in welchem von Beiden, von Erde und Feuer
das Gutsein ausgesagt wird; das letztere wird von ihnen beziehungsweise, nämlich mit Beziehung auf das Urgute, ersteres
aber von den genannten Objecten gemäss dem, was sie an sich
sind, ausgesagt. Wollte man nicht zugeben, dass die der
Sinnenwelt angehörige Erde in Wahrheit die Erde sei, und
darum auch mit voller Wahrheit Erde genannt werde, so müsste
man consequenter Weise zu der Behauptung fortschreiten, dass
den Bezeichnungen, die das Sinnliche als solches betreffen,
überhaupt keine Wahrheit einwohne, die durch dasselbe be-
zeichneten Dinge also gar nicht seien.[1] Oder sollten etwa die
sinnlichen Qualitäten weiss, schwarz u. s. w. sollten die sinnlichen Gestalten Pferd, Rind u. s. w. in der geistigen Welt
der Intelligibilien ihr wahres Sein und ihre wahrhafte Wirklichkeit haben? Selbst in Beziehung auf den Menschen —
fährt Wilhelm fort — geht es nicht an, den wahrhaften
Menschen von seiner sinnlichen Erscheinung zu trennen, und
ihn der Welt der reinen Intelligibilien zuzuweisen: die Definition des Menschen als animal rationale gressibile bipes
schliesst Momente in sich, die sich von seiner sinnlichen Leib-
haftigkeit nicht abtrennen lassen. Es ist nicht schwer zu er-

---

[1] Hiernach ist zu berichtigen, was in Prantl's Geschichte der Logik Bd.
III, S. 77 zu lesen ist, woselbst an Wilhelm von Auvergne gerügt wird,
,dass er im Anschlusse an die Araber die menschlichen Worte als die
wahrhaft adäquaten essentiellen Bezeichnungen des Einzelnen betrachtet‘.
Dass diese Anschuldigung auf einem völligen Missverstehen der wahren
Meinung Wilhelms beruht, wird nach dem oben im Texte Mitgetheilten
keines besonderen Beweises bedürfen. Ein anderes Missverständniss auf
derselben Seite des citirten Werkes werden wir weiter unten zu berichtigen Gelegenheit finden.

kennen, von welchem Interesse Wilhelm in diesen Erörterungen geleitet wird; es handelt sich für ihn darum, die Realität des geschöpflichen Seins im Allgemeinen, der Sinnenwelt im Besonderen, gewissen emanatianistischen Theorien gegenüber, die sich auf Plato stützten, zu erhärten. Er gibt aber weiter gar nicht zu, dass jene emanatianistischen Theorien den wahren Plato wiedergäben oder sich auf ihn zu stützen vermögend wären; diess wäre nur unter der Voraussetzung möglich, dass Plato die Ideen wirklich von Gott abgetrennt, und als etwas ausser dem höchsten Gotte Bestehendes hingestellt hätte. Nur für diesen Fall nämlich könnte die Ansicht Bernhard's von Chartres, der die Ideenwelt als eine aus Gott emanirte Schöpfung ansieht, oder die Anschauungsweise Avicena's, der die intelligenta prima als erste göttliche Emanation auffasst, als Fortbildung des ursprünglichen echten Platonismus angesehen werden. In diesem Punkte hat Wilhelm auch vollkommen Recht; eine andere Frage ist jedoch, ob er den sogenannten echten Platonismus geistig auch wirklich überwunden habe. Wenn er z. B. jene vorerwähnte Definition des Menschen als Instanz gegen die platonische Anschauung der sinnlichen Wirklichkeit einsetzt, so hat er sich denn doch allzusehr an die empiristische Wirklichkeit gehalten. Jene Definition, die trotz ihrer nicht zu bestreitenden exacten Richtigkeit jedenfalls das Product eines logisch-empiristischen Denkens ist, müste, um als philosophisch giltig angesehen werden zu können, erst aus der Idee des Menschen als denknothwendiger Inhalt derselben deducirt werden. Freilich könnte Wilhelm sagen, Plato selber in seinem Timäus habe gerade jene den Menschen von seiner leiblich-sinnlichen Seite charakterisirenden Momente aus der Idee des Menschen deducirt. Hat aber Plato in jener Schilderung die Idee des in Gott vollendeten Menschen vor Augen gehabt? Den Origenes wollte es nicht so bedünken; und wenn auch die eigenthümliche Meinung desselben von der Gestalt der verklärten Leiber mit Grund befremdlich und anstössig befunden wurde, so wird man andererseits nicht verkennen dürfen, dass der Mensch als animal gressibile bipes ganz gewiss specifisch der unverklärten zeitlich irdischen Wirklichkeit angehört.

Wilhelm schliesst sich der Abälard'schen Auffassung der platonischen Ideenlehre in so weit an, dass er die christlich

theistische Ausdeutung derselben, vermöge welcher die Ideen
unmittelbar in das göttliche Denken selber zu verlegen sind,
mindestens für die wahrscheinlich richtige und durch Plato's
Intentionen selber geforderte hält. Man könnte darüber zweifeln, bemerkt Wilhelm[1], ob Plato unter den Ideen die Artbegriffe oder die Urbilder der Sinnendinge gemeint habe. Der
ersteren Annahme widersprechen seine Aeusserungen im Timäus; denn daselbst heisst es, dass die Erde und das Feuer,
die wir mit unseren Sinnen wahrnehmen, nicht die wahrhafte
Erde und das wahrhafte Feuer seien; er denkt also hiebei an
die Urbilder dieser Sinnesobjecte. Hat er sie als Urbilder gedacht, so müssen sie als Gedanken des Schöpfers genommen
werden, da sie ausser dem Denken des Schöpfers weder als
sinnliche noch als unsinnliche Realitäten existiren können;
nicht als sinnliche, da sie eben die übersinnlichen Urbilder
der sinnlichen Objecte sein sollen — nicht als unsinnliche
Realitäten, da Stoffe, Farben u. s. w. eben nur eine sinnliche
Existenz haben können. Die Annahme, Plato habe unter den
Ideen die Artbegriffe verstanden, muss schon darum preisge-
geben werden, weil er doch ganz gewiss wusste, dass die Art
eines Dinges sein Wesen oder Esse ausmache; ist das ganze
Esse der Individuen in den Individuen selber, so kann es nicht
ausser ihnen sein, der Artbegriff kann nicht als eine von den unter
ihm befassten Einzelndingen gesonderte Realität existiren. Demnach ist der Existenz eines von Gott und den Dingen gesonderten
Reiches real existenter Allgemeinbegriffe kein Raum gegeben.

Eine Welt sogenannter Archetypen ist nicht denkbar,[2]
mag man sie mit dem Schöpfer identificiren oder von ihm
unterscheiden. Identificirt man sie mit dem Schöpfer, so muss
jedes Archetyp als Schöpfer genommen werden; damit wird
aber die untheilbare Einheit des Schöpfers in eine reale Vielheit von Schöpfermächten aufgelöst. Nimmt man die Welt
der Archetypen als etwas von Gott Verschiedenes, so muss sie
eine erste urhafte schöpferische Setzung Gottes sein, in der
er sich urhaft die Welt vergegenwärtiget. Da sie aber eine
Schöpfung ist, und von Gott nicht blind producirt worden sein

---

[1] De Univ. II, Ps. 1, c. 35.
[2] De Univ. I, Ps. 1, c. 38.

kann, so muss sie in einer vorausgehenden Ideenschöpfung
präconcipirt sein, diese als Schöpfung abermals in einer anderen, und so in's Unendliche fort. Also ist der Gedanke
einer geschaffenen Idealwelt ebenso undenkbar, als jener einer
schöpferischen Archetypenwelt. Man wird leicht erkennen,
dass hier mit einem Schlage zwei Systeme, jenes des Bernhard
von Chartres und das des Scotus Erigena abgethan sein wollen,
und Wilhelm unter Einem mit dem gesammten speculativen
Platonismus des früheren Mittelalters aufgeräumt wissen will.
Grund dessen ist aber nicht etwa der pantheisirende Emanatianismus der Systeme der genannten Männer, sondern ihre
Nichtübereinstimmung mit dem richtig verstandenen Plato, der
im Punkte der Ideenlehre einigermassen der christlichen Logoslehre vorgegriffen hat;[1] noch mehr sei dies der Fall in dem
hermetischen Buche, welches λόγος τέλειος betitelt ist.

Die von Wilhelm als richtig verstandene Ansicht Plato's
über die Lehre vom göttlichen Verstande als wahrhafter
Welt der Intelligibilien wird ihm denn auch zum Richtmass
für den emanatianistischen Kosmismus der Araber, den er auf
Aristoteles zurückführt, während er in Wahrheit aus einer
Verschmelzung oder Amalgamirung des Aristotelismus mit neuplatonischen Elementen hervorgegangen ist. Wilhelm bekämpft
diesen Emanatianismus weit weniger desshalb, dass er Emanatianismus ist, als vielmehr um des Umstandes willen, dass in
ihm das göttliche Urwesen nicht als die unmittelbare Ursache
alles Geschaffenen erscheint. Es ist also eigentlich nur die
gröbere und minder verhüllte Form des Emanatianismus, an
der er sich stösst, während die feinere Form desselben bei
ihm kein Bedenken erweckt. Man muss diess aus der augenscheinlich günstigen Meinung schliesen, die er von Avicebron's
Lehren hegt. Er kann nicht umhin, in demselben trotz seines
arabischen Namens und Idioms einen Christen zu vermuthen;[2]
er rühmt von ihm, dass er in seinem fons sapientiae (unter
diesem Titel citirt Wilhelm Avicebrons Schrift fons vitae) den
Gedanken der eingebornen Weisheit Gottes erfasst, und ein
eigenes Buch über das allwirkende Wort des Ewigen geschrieben

---

[1] De Univ. I, Pk. 1, c. 26.
[2] De Univ. II, Pk. 1, c. 26.

habe.[1] Dass trotz der biblisch-creatianistischen Sprache
des fons vitae die Schöpfung dennoch der Substanz nach aus
Gott educirt werde, scheint Wilhelm entgangen zu sein. Es
genügt ihm, dass Avicebron für die Entstehung alles Geschaffenen unmittelbar auf den göttlichen Verstand und Willen
recurrirt, und letzteren zur Immediatursache der Entstehung
alles Geschaffenen macht; dass der von der Weisheit durch-
drungene und aus der Weisheit emanirte Wille eigentlich
doch nur Gestalt der Materie, diese aber aus Gott emanirt gedacht werden müsse, scheint Wilhelm bei Avicebron
nicht aufgefallen zu sein. Ein richtigerer Einblick in die
Sache findet sich bei Thomas Aquinas,[2] der es an Avicebron als Grundfehler bemängelt, einer höchsten Materialur-
sache alles Geschaffenen nachgeforscht zu haben, da doch, wie
bereits Plato gezeigt habe, das Aufsteigen zu den höchsten
Ursachen ausschliesslich auf Wirkungs- und Formprincipien
hinleite.

Die Hauptinstanz, welche Wilhelm gegen den emanatianistischen Kosmismus der Araber geltend macht, ist die durch
denselben involvirte Läugnung oder Beseitigung der Lehre
vom schöpferischen Worte Gottes als absoluter unmittelbarer
Seinsursache alles Geschaffenen, welche die urbildlichen Formen alles Geschaffenen in sich trägt und durch sich selbst in
schöpferischer Causalität verwirklichet. An die Stelle dieser
Einen absoluten Causalität haben die Araber (Algazeli, Avicenna u. s. w.) eine Reihe abwärts steigender Emanationen
gesetzt,[3] von der intelligentia prima angefangen bis herab zur
intelligentia decima, der letzten und untersten universalkosmi-
schen Wirkungsursache. Die intelligentia prima ist das Product des göttlichen Selbsterkenntnissactes. Gott setzte die-

---

[1] Wilhelm wird um diese Schrift Avicebrons wohl nur aus einer Stelle im
fünften Buche des fons vitae gewusst haben, woselbst sich Avicebron
auf dieselbe bezieht. Wir kennen sie bloss unter dem Titel, unter welchem sie in dem von Munk (Mélanges de philosophie juive et arabe
Paris 1859, p. 223) mitgetheilten Fragmente einer lateinischen Uebersetzung des fons vitae erscheint. Et jam disposui - heisst es daselbst --
verba de his omnibus in libro qui tractat de scientia voluntatis; et hic
liber vocatur: Origo largitatis et causa essendi.
[2] Opusc. de substantiis separatis, c. 6.
[3] De Univ. I, Ps. I, c. 24 ff.

ses Product, indem er sich als Urbild und Spiegel des Universums dachte und erkannte; es ist der erschöpfende in sich vollkommen geeinigte Ausdruck dieser göttlichen Selbsterkenntniss. Wie aber Gott wesentlich ein Denkender ist, so auch die aus ihm emanirte intelligentia, der es wesentlich war, sowohl ihren Schöpfer als auch sich selbst zu denken, und die Acte dieses Denkens eben so, wie ihr Schöpfer, in realen Emanationen zu vergegenständlichen. Ihren Schöpfer in seiner Herrlichkeit denkend entlässt sie aus sich die intelligentia secunda als lichtstrahlende Emanation; ihre selbsteigene Potenzialität denkend wirft sie gleichsam als ihren Schatten die Materie des ersten Himmels heraus, ihre selbsteigene Actualität (perfectio) denkend emittirt sie das Formprincip des ersten Himmels, wodurch dieser Gestalt gewinnt. Endlich denkt sie sich auch als Intelligenz, und macht damit ein drittes Lichtprincip aus sich emaniren, die Seele des ersten Himmels, welche die Bewegerin desselben ist. In ähnlicher Weise wird nun weiter auch die Entstehung der übrigen himmlischen Intelligenzen bis zur zehnten herab, der übrigen Himmel, Himmelsformen und Himmelsseelen erklärt. Die zehnte Intelligenz ist die Sonne unserer Seelen, und von ihr geht die Verursachung des Vielen und Vervielfältigbaren aus, sie ist die Schöpferin der Materie der generablen und corruptiblen Dinge; aus ihr sind auch unsere Seelen emanirt, in deren geistiger Lichtschwäche sich die Erschöpfung der in zunehmender Abschwächung bei der zehnten Emanationsstufe angelangten Lichtemanation kundgibt.

Wilhelm hat gegen alle einzelnen Punkte dieser emanatianistischen Gesammtanschauung ernstliche Einwendungen in Bereitschaft. Die intelligentia prima ist etwas Geschöpfliches, wie alle nachfolgenden Emanationen; man sieht nicht ein, wesshalb der Schöpfer, der, soferne er sich als Schöpfer oder ursächliches Weltprincip denkt, die intelligentia prima aus sich hervorgehen macht, nicht eben so gut alles übrige Geschaffene unmittelbar durch sich selber setzen sollte. Man muss annehmen, dass er Alles gleichmässig erkenne, da weder in ihm selber, noch in den Dingen irgend eine Ursache liegt, welche hindern könnte, dass er alles ohne Unterschied gleichmässig und gleich gut erkenne; wenn er nun eben als Erken-

nender zum Schöpfer wird, so sieht man nicht ein, wesshalb
sein Schaffen auf die Hervorbringung der Intelligentia prima
sollte beschränkt gewesen sein. Wilhelm sieht hierin eine Be-
schränkung der Freiheit, der Macht und auch der Einsicht
des Schöpfers, sofern sein Wirken durch sein Erkennen bestimmt, dieses also auf die intelligentia prima als einziges Ob-
ject beschränkt ist. Sofern das Erkennen als solches der Ur-
sächlichkeitsgrund des Schaffens ist, wird jeder Antheil des
Willens am Schaffen ausgeschlossen, und dasselbe zu einem
naturnothwendigen Acte gemacht; Gott ist demzufolge die
willenlose Ursache dessen, was er selber setzt, und was durch
die von ihm producirte intelligentia prima unmittelbar und
mittelbar weiter noch causirt wird. Von einer providentiellen
Leitung des aus Gott in abgestuften Graden emanirten Weltganzen kann da keine Rede sein; es fehlt hiezu von Seite der
höchsten Welturache nicht nur an der Macht des Alles unmittelbar beherrschenden Willens, sondern selbst das Denken
und Erkennen Gottes geht ganz in der ihm unmittelbar gegen-
ständlichen intelligentia prima auf, daher schon aus diesem
von einem weltleitenden providentiellen Walten keine Rede
sein könnte. Der allwaltende Gott ist allen Dingen nahe,
keines ist von seiner Gegenwart und Wirksamkeit ausgeschlossen. Nach jener Lehre aber wäre er einigen Dingen
nahe, anderen ferne, ja unermesslich ferne, so dass sie selbst
seinem geistigen Blicke ganz entzogen wären. Diess ist nicht
der Alles umfassende, haltende und tragende Gott, der, wie er
absolut über Allem ist, so zugleich innerlichst in Allem ist, so dass
seinem allbeherrschenden Willen auch nicht das Kleinste und
Mindeste in seinem Sein, Dasein und Leben entzogen ist; Gott
ist in der Allverbreitung seines Wirkens der fons vitae des gesammten Universums in ähnlicher Weise, wie es das Sonnenlicht für die sichtbare irdische Natur, wie es die Seele für den
Leib ist, nur noch in ungleich vollkommenerer Weise, so dass
er Alles in Allem wirkt und nichts ohne ihn geschieht.

Die ersten neun Intelligenzen haben nach der Lehre der
Aristoteliker die Bestimmung, die neun Himmelssphären zu
bewegen und sind von Aristoteles eben zur Erklärung der
Himmelsbewegungen ausgedacht worden.[1] Jede Sphärenseele

---

[1] De Univ. II, Ps. 1. c. 4 ff.

hat nämlich das Verlangen, jener Intelligenz, die ihrer
Sphäre vorgesetzt ist, sich selbst und die von ihr beseelte
Sphäre zu verähnlichen; die kreisförmige Bewegung der Sphäre
soll als die vollkommenste aller Bewegungen das Ergebniss
dieses Verähnlichungsstrebens sein. Wilhelm findet, dsss diese
Bewegung eigentlich nur ein unaufhörliches zielloses Suchen
des absoluten Ortes des sich bewegenden Körpers ist, der
jenen Ort zwar in jedem Momente zu errreichen scheint, aber
kaum erreicht in demselben Momente schon wieder aufgeben
muss. Von einer Verähnlichung der bewegten Sphäre mit der
ihr entsprechenden Intelligenz kann keine Rede sein; die Intelligenz, die als causa finalis angestrebt wird, ruht unbewegt in sich
selber, die kreisende Sphäre wird durch das Verlangen ihrer Seele
nach Vereinigung mit jenem Ruheziele in der Unruhe einer be-
ständigen Kreisung erhalten; die Intelligenz ist vollkommen actu,
die kreisende Sphäre stets nur in potentia ad actum, ohne diese
Potentialität in irgend einem Momente je actuiren zu können.
Wilhelm vergleicht das ruhelose Herumtreiben der Sphären
durch ihre Seelen in einem nicht gerade edlen Bilde mit der
Bewegung einer durch Pferde oder Mäuler getriebenen Tretmühle, wobei nur der Unterschied statthabe, dass die Bewegung
der Tretmühle einem nützlichen Zwecke diene, während das
Umtreiben der Himmelssphären gänzlich ziellos sei. Diese
letztere Bemerkung ist in mehr als einer Beziehung verfehlt,
und hält sich nicht auf der Höhe einer wissenschaftlichen Ar-
gumentation; von grösserem Belange ist es, wenn Wilhelm die
Frage aufwirft, weshalb die einzelnen Himmelsseelen jede gerade nur der speciell ihre besondere Sphäre beherrschenden
Intelligenz zugewendet seien, und nicht vielmehr der intelligentia prima, die als die vollkommenste und herrlichste doch
den stärksten Zug auf alle Himmelsseelen ohne Unterschied
ausüben sollte? Die Himmelsseelen seien damit zu einer Un-
freiheit verurtheilt, über welche die irdischen Menschenseelen
hinausgehoben seien; denn diesen sei es anheimgegeben, ihre
Ideale in der höchsten und vollkommensten Wirklichkeit
zu suchen, ja es gilt sogar als tadelhaft, mit Beiseitesetzung
des Besten und Vollkommensten das minder Vollkommene zu
seinem absoluten Ideale zu machen. Es geht aber gar nicht

an, das Begehren und Streben der Himmelsseelen in der ge-
nannten Weise einzuschränken; sie können zuhöchst nichts
Anderes als Gott selbst begehren, der die denknothwendige
Finalursache alles Geschaffenen ist. Sie bewegen also die
Himmelssphären entweder, weil es Gott so gefällt, oder um
Gott zu gefallen, oder um ihn zu verherrlichen. Bei Avicenna
scheint eine Einsicht in die Denknothwendigkeit dieser Final-
Beziehung hervorzubrechen, wenn er sagt, dass die Bewegung
des Himmels im Dienste des höchsten Gottes sich vollziehe.
Es lässt sich gar nicht denken, wie die Seelen jener Sphären
ihre absolute Befriedigung innerhalb ihres Lebenskreises sollten finden können, so wie sich umgekehrt nicht denken lässt,
dass sie nicht absolut befriediget sein sollten, da sie nach der
Lehre der Aristoteliker absolut vollendet (in perfectione ultima)
sein sollen. Eben diese vermeintliche absolute Vollendung lässt
sich aber mit dem ruhelosen Kreisen ihrer Körper nicht vereinbaren; damit hebt sich die Vorstellung dieser Himmelsseelen
eigentlich schon von selber auf; und die ihnen angeblich entsprechenden Intelligenzen werden, um überhaupt als kosmische
Wesen denkbar zu sein, in die seligen Himmelsgeister umzu-
setzen sein, die nicht, wie jene Intelligenzen, absolut in sich
ruhen, sondern in die Anschauung der Gottheit vertieft sind,
und aus diesem Schauen ewig Freude, Kraft und Stärke schö-
pfen. Nur wird dann die dürftige Zehnzahl jener angeblich
auseinander emanirten himmlischen Intelligenzen als absolut
ungenügend erscheinen; es wird vielmehr an die Stelle der
ersten, der sogenannten intelligentia prima, eine unermesslich
reiche Vielzahl von Geistern zu treten haben, wie es der un-
endlich reichen, allvermögenden Schöpferkraft Gottes, und
seiner neidlosen Güte, die eine möglichst grosse Zahl von
Wesen beseligen will, angemessen ist.

    Ausser den neun Intelligenzen, welche den neun Himmels-
sphären entsprechen sollen, nehmen die Aristoteliker noch eine
intelligentia decima an, welche den Namen intelligentia agens
führt, und die Mittlerin des intellectiven Erkennens der menschlichen Seele sein soll.[1] In dieser intelligentia decima sollen
die Allgemeinbegriffe der irdischen Sinnendinge aufgehoben

---

[1] De Univ. II, Ps. 1, c. 14 ff.

sein, und sie soll für unser intellectives Erkennen dieselbe Bedeutung haben, wie die Sonne für unser sinnliches Erkennen. Gleichwie jedoch das blosse Sonnenlicht für sich nicht ausreicht, zu bewirken, dass in einem Spiegel die Bilder der Sinnendinge wiedererscheinen, wenn nicht diese Dinge selber dem Spiegel nahe gebracht werden, so kann die Einwirkung des intellectus agens für sich allein nicht ausreichen, in unserem Erkennen die intellectiven Formen der Dinge wiederscheinen zu machen. Aristoteles sagt freilich, dass die intelligiblen Formen in unserem Intellecte potentiâ propinquâ vorhanden seien, während die entsprechenden sinnlichen Formen im Spiegel bloss in potentia remota vorhanden wären; aber er deutet andererseits doch auch wieder an, dass die intelligiblen Formen durch eine Abstreifung der sinnlichen Einhüllung des Vorstellungsinhaltes zu Stande kämen. Daraus folgt nun, dass uns die Intelligentia agens nicht die intelligible Form selber einstrahlt; welchen Antheil soll sie denn nun eigentlich am Zustandekommen unseres intellectiven Erkennens haben? Sie kann nur entweder sich selbst oder die in ihr vorhandenen Formen unserem Intellecte einstrahlen; als Inbegriff aller Intellectualformen der Sinnenwelt ist sie eigentlich nichts anderes als die platonische Ideenwelt, deren Annahme Aristoteles durch seine eigenthümlichen uranokosmischen Lehren von sich ablehnen wollte. Es hilft nichts, zu sagen, in der intelligentia agens seien nicht die veritates rerum, sondern bloss die similitudines dieser veritates vorhanden; nimmt Aristoteles eine himmlische Wirklichkeit jener similitudines an, so muss er eine himmlische Wirklichkeit jener veritates annehmen, auf welche jene similitudines zurückweisen; dann ist also die mit der intelligentia agens nicht gegebene platonische Ideenwelt in einer höheren Region über jener intelligentia zu suchen. Der Ausweg, die jenen similitudines entsprechende Wahrheit in die Dinge selber zu verlegen, geht nicht an, und ist durch den ganzen Denkzusammenhang der aristotelischen Weltanschauung verlegt; die leidenlosen himmlischen Intelligenzen recipiren nichts von den sinnlichen Erdendingen, und gehen in der Ordnung des Seins und Gewordenseins denselben voraus, gerade so wie das Wahre und Wahrhaftige seiner Nachbildung vorausgeht. In der Intelligentia agens müssen

die intelligiblen Formen aller irdischen Dinge und Wesen
vorhanden sein; sie ist ja nach Aristoteles die Schöpferin unserer Seelen und die Bildnerin unserer Leiber, und muss beide,
Seelen und Leiber, nach den ihr eingebornen, natürlich eigenen
Ideen hervorgebracht haben.

Dieses, der intelligentia agens beigelegte Schöpfervermögen ist nun ein weiterer Punkt der Kritik Wilhelms.[1]
Erstlich ist unter der Voraussetzung eines derartigen Ursprunges der Menschenseelen die Verschiedenheit und Ungleichartig-
keit ihrer besonderen Begabungen nicht erklärlich. Dieser
Unterschied kann nicht aus dem in sich durchaus gleichartigen
und gleichmässigen Wirken der intelligentia agens erklärt
werden; er kann eben so wenig in der Verschiedenheit der
körperlichen Dispositionen gegründet sein, da ja auch die Körper der Menschenseelen ein Product jener durchaus gleichartigen und gleichmässigen Wirksamkeit der intelligentia agens
sein sollen. Ferner muss das Schaffen der Seelen als ein ohne
Mittel innerhalb der intelligentia agens vor sich gehender Act
gedacht werden; wie ist es mit der Güte der schaffenden Potenz zu vereinbaren, dass sie die in sich erzeugten Seelen aus
sich hinausstösst, um sie in irdische Leiber einzukerkern?
Jede der oberen neun himmlischen Intelligenzen bringt eine
andere Intelligenz hervor, und schafft sich ihren eigenen Himmel; warum beschränkt man das Schaffen der intelligentia
agens auf die Hervorbringung der Seelen und Leiber, warum
war sie unvermögend, sich ihren eigenen Himmel zu schaffen,
oder in Ermangelung dessen wenigstens die gesammte tellurische
Sphäre zu gestalten? Aber freilich ist auch das den anderen
Intelligenzen zugeschriebene Schöpfervermögen mit allerlei Un-
gereimtheiten behaftet. Jede der Intelligenzen setzt in demjenigen, was sie schafft, etwas, das minder ist, als sie selbst.
Man muss fragen, sind die zehn Intelligenzen Individuen einer
und derselben Species oder nicht? Gehören sie unter Eine
Species, so begreift man nicht, weshalb jede folgende etwas
Minderes ist als die ihr vorausgehenden; sind sie aber nicht
Einer Species, so ist unbegreiflich, wie eine aus der anderen
auf natürliche Weise hervorgehen konnte.

[1] De Univ. II. Ps. 1, capp. 19—27.

Eine Hauptinstanz gegen das angebliche Schaffen jener Intelligenzen bietet sich Wilhelm in dem Umstande dar, dass sie mittelst ihrer intellectiven Thätigkeit schaffen sollen.[1] Die erste Intelligenz bringt die zweite hervor, indem sie den Schöpfer denkend erfasst. Daraus folgt, dass jede der anderen Intelligenzen gleichfalls dadurch, dass jede aus ihnen ihre Schöpferursache denkend erfasste, eine neue Intelligenz setzte. Wenn aber jede derselben schaffend ihre Schöpferursache wiedersetzte, so begreift man nicht die successive Abschwächung der auf einander folgenden Creationen. Eben so unbegreiflich ist, dass die ihre Schöpferursache denkende Intelligenz eine andere aus ihr emanirte Intelligenz als Frucht ihres Gedankens setzt; das ist gerade so, als ob derjenige, der den Bauplan für ein Haus entwirft, eine Statue producirte. Man könnte jenen Gedanken nur so zurecht legen, dass gesagt würde, die erste Intelligenz habe die aus ihr hervorzugehen bestimmte zweite Intelligenz in der Idee des Schöpfers wahrhaft verstanden und so die Hervorbringung derselben zu Stande gebracht. Noch bedenklicher steht es um die angebliche Hervorbringung der Himmelsseelen durch die Intelligenzen, da zwischen beiden nicht bloss ein specifischer, sondern ein generischer Unterschied besteht. Am allerwenigsten ist aber die Creirung der körperlichen Form des Himmels durch die Intelligenzen denkbar, da diese Form vom Denken der Intelligenzen noch weiter absteht, als die Materie des körperlichen Himmels; die Materie an sich ist einfach nur formlos, die Formirung derselben aber ergibt etwas den intelligiblen Formen der Intelligenzen positiv Unähnliches. Die Materie des Himmels konnte aber von den Intelligenzen desshalb nicht hervorgebracht werden, weil die Intelligentia prima, wenn sie die Potenz des Schöpfers dachte, nicht etwas bloss potentiell Seiendes, sondern den Schöpfer selber dachte; daher konnte aus ihrem Denken der Potenz des Schöpfers nichts Anderes und Geringeres, als aus ihrem Denken der Essenz des Schöpfers hervorgehen, die Frucht jenes Gedankens der Potenz des Schöpfers konnte nicht die Emanation der Materie oder das an sich blos potentielle Sein sein. Die Potenzialität des Schöpfers ist rein activ, jene der

[2] De Univ. II, Ps. I, c. 27 ff.

Materie rein passiv. Ueberhaupt aber ist es verfehlt, der intellectiven Thätigkeit als solcher eine schöpferische Wirkung zuschreiben zu wollen, da, wie doch Aristoteles gemeinhin lehrt, der Erkennende weit mehr receptiv als activ sich verhält; die Einsicht oder Intelligenz ist nur die Leuchte der Wirkungsthätigkeit, nicht aber diese selber.

Es handelt sich endlich noch um die Grundvorstellung, die diesen emanatianistischen Anschauungen unterliegt. Wilhelm hebt sie öfter als einmal hervor;[1] es ist die Meinung, die kosmische Wirklichkeit sei der natürliche und naturnothwendige Ausfluss eines ersten Wirkungsprincipes in jener Weise, wie der Glanz von der Sonne, oder die Wärme vom Feuer ausfliesst. Daraus würde folgen, dass die Schöpfung ein naturnothwendiges und seit ewig vorhandenes Educt aus Gott sei. In der That behauptet Avicenna mit Aristoteles den Bestand der Schöpfung von Ewigkeit her;[2] Gott gehe der Welt nur als ursächliches Princip, nicht aber der Zeit nach voraus, weil der Schöpfer nicht ohne Schöpfung gedacht werden könne, und somit, wenn die Welt einen Zeitanfang hätte, auch der Schöpfer mit der Welt in der Zeit angefangen haben müsste. Avicenna übersicht, dass es ausser der zeitlichen Präcedenz noch eine andere über die Zeit erhabene Präcedenz gibt; die Zeit selber hat zu ihrer absoluten Voraussetzung die Ewigkeit, und diese ganze ungetheilte, untheilbare Ewigkeit des Schöpfers ist dem zeitlichen Schöpfungsanfange vorauszustellen. Der angebliche Widersinn einer Zeit vor der Zeit fällt da hinweg; das Ante der Zeit und das Ante der Ewigkeit gelten nicht univoce und nicht in demselben Sinne, weil Zeit und Ewigkeit gar nicht mit einander vergleichbar sind. Univoque Aussagen gelten nach Aristoteles nur von Dingen, die sich mit einander vergleichen lassen. Zeit und Welt sind Correlate; demzufolge sind auch Vorzeitliches und Ueberweltliches Correlate; wie es nun widersinnig wäre, zu fragen, ob jemand am äussersten Rande des obersten Himmels seine Hand über diesen Rand hinausstrecken könne, so wäre es auch widersinnig, von einer Zeit vor der Zeit zu sprechen. Ante und Post gilt eben nur von dem, was innerhalb der Zeit ist.

---

[1] De Univ. I, Ps. I, c. 21.
[2] De Univ. I, Ps 2, capp. 7 ff.

sowie Ultra und Extra nur von dem, was innerhalb der Welttota-
lität ist. Daraus aber, dass vor der Zeit keine Zeit und über
der Welt als totalitas rerum nicht wieder eine Welt ist, folgt
nicht, dass vor der Zeit und über der Welt nichts sei. Avicenna hält den Uebergang vom vorausgegangenen Nichtschaffen
zum nachfolgenden Schaffen für etwas Undenkbares; wie die
schöpferische Ursache im Momente des angeblichen zeitlichen
Schaffens disponirt war, muss sie auch schon früher disponirt
gewesen sein, also ihr Schaffen von Ewigkeit her stattgehabt
haben. Nehme man ein Schaffen in der Zeit an, so müsse
man dafür halten, dass etwas eingetreten sei, wodurch das
Schaffen ermöglicht worden sei, und dass etwas Anderes, wodurch es bisher verhindert wurde, beseitigt worden sei. Gegen
dieses Argument Avicenna's ereifert sich Wilhelm in fast lei-
denschaftlich erregter Weise. Wenn nichts einen Anfang in
der Zeit gehabt, sondern Alles von Ewigkeit her gewesen sein
soll, so heisst diess so viel, dass Alles ohne einen Anfang
seiner Existenz' sei — ein Irrthum, den man nicht widerlegen,
sondern zusammt seinen Bekennern mit Feuer und Schwert
ausrotten sollte. In der schöpferischen Ursache, die vom Nichtschaffen zum Schaffen übergeht, soll eine Veränderung vor-
gehen, und etwas eintreten, was früher nicht in ihr war; woher
soll dieses Neue in ihr, welches Ursache des Jetzt-Schaffens
ist, gekommen sein? Es kann nicht ursachlos eingetreten
sein; also muss man für diese Ursache des Jetzt-Schaffens
wieder eine Ursache suchen, und so in's Unendliche fort.
Avicenna würde aus der Unmöglichkeit dieses regressus in infi-
nitum folgern, dass die schöpferische Ursache eben vom Anfange her und seit ewig zum Schaffen disponirt gewesen sei;
Wilhelm zieht umgekehrt die Folgerung, dass die Inswerksetzung des seit ewig bestehenden Schaffensbeschlusses keine
Veränderung der immutablen Wesenheit des Schöpfers involvire.
Er bringt diese absolute Immutabilität des Schöpfers in Verbindung mit der absoluten Allvermögendheit Gottes, die als solche
jede Determinirtheit und Nöthigung Gottes, etwas Bestimmtes mit
Ausschluss alles Anderen sonst Möglichen hervorzubringen, ausschliesst. Wenn Gott vermöge seiner absoluten Allvermöglich-
keit nicht determinirt oder genöthigt ist, etwas Bestimmtes
hervorzubringen, so ist allerdings nicht bloss die Wahl des zu

Schaffenden, sondern das Schaffen selber seinem Wollen oder
Nichtwollen anheimgegeben, woraus wenigstens so viel folgt,
dass Gott nicht seiner Natur zufolge von Ewigkeit schaffen
musste, und wenn er in der Zeit, d. h. nachdem er voraus-
gehend nicht geschaffen hatte, zu schaffen begann, in seinem
Wesen kein anderer wurde, als er früher war. Den eigentlichen Grund dafür, dass die Dinge wirklich einen zeitlichen
Anfang hatten und haben mussten, findet Wilhelm in der meta-
physischen Qualität der geschaffenen Dinge, die als solche an
sich bloss möglich sind, während sie, wenn sie von Ewigkeit
her wirklich wären, als nothwendige erachtet werden müssten.

Fragen wir nun schliesslich, ob Wilhelm den Emanatianismus, den er im christlich-theologischen Interesse bekämpft,
auch speculativ überwunden habe, so müssen wir billig hieran
zweifeln. Nicht nur unterlässt er, den christlichen Gottesbe-
griff, welchen er den emanatianistischen Vorstellungsweisen
des Neuplatonismus entgegenstellt, philosophisch so weit zu
vertiefen, dass aus demselben die speculative Idee des göttlichen Schaffens als eines reinen und absoluten Hervorbringens
resultirte, sondern er gebraucht auch über die göttliche Schaf-
fensthätigkeit Redeweisen, welche sichtlich darauf hinweisen,
dass er geistig selber noch unter dem Einflusse der von ihm
bekämpften emanatianistischen Vorstellungsweise steht. Er
spricht von einem Ausfliessen und Recipirtwerden, nicht nur
der Bestimmtheiten des Seins, sondern des Seins selber;[1] er
vergleicht das Sein der Creaturen mit einem aus dem Lichte
der Gottheit ausströmenden und den gesammten Schöpfungs-
raum ausfüllenden Lichte. Man habe sich, erklärt er weiter,
die Gottheit als ein nach allen Seiten hin strahlendes Licht,
das Sein des Universums aber als die Circumfulgenz dieses
Lichtes, und als die allverbreitete und nach allen Seiten hin
expandirte Radiosität und Luminosität vorzustellen: gleichwie,
wenn die Sonne das einzige Licht wäre, alles Leuchtende sein
Leuchten nur der Sonne verdanken würde, so verdankt alles
Seiende in unvergleichlich höherem Grade sein Sein dem
Schöpfer. Der Unterschied ist nur dieser, dass die im Lichte
der Sonne leuchtenden Körper verschiedene Abstände von ihrer

---

[1] De Univ. I, Ps. 1, c. 30.

Leuchtquelle haben, der Schöpfer aber jeglichem Geschaffenen unmittelbar und innerlichst nahe ist. Wenn man irgend ein Geschaffenes aller seiner speciellen Bestimmtheiten, seiner accidentellen Formen und seiner substantiellen Form entkleidet, so bleibt noch das Sein und mit diesem der Geber des Seins übrig. Will man sich an diese Erklärungen Wilhelms strenge halten, so ergibt sich nichts anderes, als dass die schaffende Gottheit in allem Geschaffenen sich selber setzt, natürlich unter jenen Einschränkungen, welche die allgemeine und specifische Qualität des Geschaffenen selbstverständlich mit sich bringt. Der von ihm an Avicenna gerügte Gedanke einer göttlichen Lichtemanation wird also von ihm selber adoptirt, nur soll derselbe auf eine mit der Absolutheit des göttlichen Wesens verträgliche Art ausgedeutet werden. Damit scheint ihm das christliche Glaubensinteresse hinlänglich gewahrt zu sein. An die Stelle der lichtaussendenden Sonne, von welcher er mit Avicenna das zur Verdeutlichung der Schöpfungsthätigkeit bestimmte Bild entlehnt, tritt das schöpferische Gotteswort als die Sein und Leben causirende Lichtsonne der Gesammtschöpfung. Dieses ewige Schöpferwort ist unter Einem Verstand, Kraft und Willen des Schöpfers: Verstand als die aus der Tiefe des göttlichen Wesens herausgesetzte Conception des Weltgedankens — Kraft und Wille als reale Selbstobjectivirung dessen, der im Worte sich selbst und Alles durch das Schöpferwort Hervorzubringende ausspricht. Um nun den Gedanken von der Zeitlichkeit der Schöpfung sowohl, als auch von der absoluten Freiheit Gottes in der Causirung der zeitlichen Schöpfung speculativ zu begründen, hätte er, was von Seite der mittelalterlichen Theologen überhaupt nicht geschehen ist, dazu fortschreiten müssen, die Selbstaussprache Gottes in seinem Worte als Moment eines immanenten göttlichen Lebensprocesses zu betrachten, in welchem Gott sich vor sich selber in der absoluten Fülle seines Wesens aufschliesst, um mittelst dieses Selbstaufschlusses den absoluten Rückschluss in sich selber zu vollziehen, und sich damit in jenem ewigen Processe ewig als den absolut Fertigen und sich selber absolut Genügenden zu affirmiren. Dann hätte die Schöpfung als eine auf Grund dieses immanenten Lebensprocesses vor sich gehende und diesen als absolutes Prius voraussetzende Thätigkeit erscheinen müssen,

zu welcher es für Gott als dem absolut sich selber Genügenden
keinerlei Art von Wesensnöthigung gab und geben konnte.
Sofern weiter Gott das absolute Prius des Seienden ist, muss
er die absolute Ursache alles anderen ausser ihm Seienden
sein, und dieses kann so gewiss kein Educt, keine Ausstrahlung des absolut Seienden sein, als letzteres kraft jenes immanenten Lebensprozesses, in welchem es sich absolut in sich
selber zurückschliesst, jede Emanation seiner selbst nach Aussen
ausschliesst; daraus ergibt sich denn von selber der Begriff
des Schaffens als eines reinen, absoluten Hervorbringens, nicht
aus der incommunicablen Fülle des eigenen Wesens, sondern
aus der absoluten Fülle der in sich selber absolut gesammelten
Kraft, deren Höchstes es ist, das was schlechthin nicht war,
als seiend zu setzen. Wilhelm bleibt aber dabei stehen, dass
der absolute Schöpferwille im göttlichen Schöpferworte eine
hypostatische Realität hat, und dass in dieser Realität als objectivirtem verbum mentis divinae zugleich jene göttliche ars
real gesetzt sei, mittelst welcher und in deren Kraft das göttliche Kunstwerk des Universums geschaffen werden soll. Es
sind hier disparate unfertige Gedanken neben einander gestellt,
deren Unzusammenhang es zu keiner gedankenhaften speculativen Fassung des göttlichen Schaffenswerkes kommen lässt.
Wenn die Welt ein göttliches Kunstwerk genannt wird, so ist
damit gesagt, dass sie ein Werk des göttlichen Verstandes
und Willens sei; die daneben einhergehende Vorstellung einer
göttlichen Kraft- und Seinseinflössung entstammt einem ganz
anderen Denkhabitus, und involvirt den Gedanken eines Recipienten dieser Kraft- und Seinseinflössung, als welchen man,
so scheint es fast, den leeren, seiner Füllung durch das göttliche Schaffen harrenden Weltraum, die leere Fassung der
noch nicht geschaffenen Welt anzusehen hätte. Darin wäre
dann wohl auch noch ein unwillkürliches Nachwirken der im
platonischen Timäus vorgetragenen Anschauungsweise erkennbar; so wie die Ableitung der Welt von dem aus Gott emanirten Schöpferworte in der von Wilhelm ihr gegebenen Fassung
eigentlich nur als eine christlich rectificirte Nachbildung der
neuplatonischen emanatianistischen Schöpfungslehre genommen
werden kann.
　　　Hier erwächst uns nunmehr die Aufgabe, das Verhältniss

Wilhelms zu dem von ihm mehrmals citirten Avicebron (Wilhelm schreibt immer: Avicembron) etwas näher in's Auge zu fassen. Dass Wilhelm sich nicht auf das speculative Gedankensystem Avicebrons stützte, ist für sich klar, da er überhaupt nicht speculativer Denker ist; dass er sich aber von ihm mehrfach anregen liess, und namentlich in der Schöpfungslehre auf ihn Bezug nahm, liegt offen da. Für seine Verbindung der Weisheit mit dem Willen in der Idee des Schöpferwortes findet er eine Bestätigung in der analogen Anschauungsweise Avicebrons, wobei er freilich von dem emanatianistischen Charakter derselben völlig absieht, ja ihn kaum erkannt zu haben scheint. Bei Avicebron ist der aus der göttlichen Intelligenz ausgeflossene Schöpferwille nur die Ursache der Stoffgestaltung, nicht aber der Materie selber; diese ist dem göttlichen Wesen entflossen. Wilhelm kommt wiederholt auf einen Spruch Avicebrons,[1] dessen Fassung durch sich selber schon zu erkennen gibt, dass Avicebron die Schöpfung als einen aus Gott hinausgeworfenen Schatten des göttlichen Wesens ansieht; Wilhelm hält sich einfach daran, dass Avicebron im Geschaffenen in Hinsicht auf die metaphysische Realität desselben nur einen Schatten der absoluten Realität des göttlichen Wesens sieht, und übersieht demzufolge völlig, dass das von Avicebron gewählte Bild die Unabtrennlichkeit der Schöpfung von Gott, somit die Nothwendigkeit und absolute, für den göttlichen Willen schlechthin gegebene Determinirtheit der Schöpfung ausdrückt. Allerdings erklärt Wilhelm, dass er sich auf eine kritische Beurtheilung der Schöpfungslehre Avicebrons nicht einlassen, und den eigentlichen Sinn des angeführten Satzes dahin gestellt sein lassen wolle;[2] aber er legt ihm einen möglichst günstigen Sinn unter, indem er ihn zufolge seiner Meinung, Avicebron sei ein christlicher Theolog gewesen, in christlich-theologischem Sinne deutet. Vielleicht hat ihm Avicebrons Lehre von der Entstehung der Weltsphären durch successiven Ausfluss aus der allgemeinen Intelligenz einen Rückhalt für

---

[1] Creaturæ erexerunt se ad creatorem, et fecerunt ei umbram. De Univ. I, Ps. I, c. 18; II, Ps. I, c. 33.

[2] An einer anderen Stelle (Univ. I, Ps. I, c. 17) tadelt er auch, aber ohne Beziehung auf Avicebron, die Vorstellung vom Schaffen als einem Schattenwerfen der göttlichen Essenz.

seine Bestreitung der Himmelsseelen geboten; jedenfalls aber
deutet die in seiner Schrift de anima auftauchende Frage, ob
nicht besser gesagt werde, der Leib sei in der Seele enthalten,
als umgekehrt die Seele im Leibe, auf einen aus Avicebron
entlehnten Gedanken hin.[1] Wenn Avicebron den weltschöpfe-
rischen Willen des verbum agens nennt, so ist diess Wilhelm
ganz aus der Seele gesprochen; wenn umgekehrt Wilhelm in
einer sehr an Avicebron erinnernden Weise von einem Ausfliessen aus dem göttlichen Worte spricht,[2] so lässt sich, wenn
man streng bei der Sache bleiben will, doch gewiss nur an
ein Ausfliessen der Formen denken, für welche die Materie

---

[1] Avicebron hat eine Schrift de anima abgefasst, die handschriftlich in
Paris aufbewahrt wird und von Munk eingesehen worden ist. Die von
ihm mitgetheilten Ueberschriften der einzelnen Capitel der betreffenden
Schrift Avicebrons (Mélanges etc. p. 171) lassen die Anlage derselben
erkennen, die eine auffallende Aehnlichkeit mit jener des gleichnamigen
Werkes Wilhelms hat, so dass man sich der Vermuthung nicht entschlagen kann, Wilhelm möge Avicebrons Abhandlung de anima gekannt
und bei Abfassung seiner eigenen gleichnamigen Schrift vor sich gehabt
haben. Man vergleiche die in unserer Abhandlung über Wilhelms Psychologie angegebene Reihenfolge der Materien in Wilhelms Schrift de anima
mit Inhalt und Reihenfolge der Capitel in Avicebrons Schrift nach Munks
Angabe: 1. An sit anima. 2. Quomodo anima moveat corpus. 3. Quid
sit anima. 4. Definitio animae secundum Aristotelem (nach Munks Vermuthung späteres Einschiebsel). 5. Utrum anima sit creata. 6. An una
anima, an multae. 7. An fuerint animae creatae ab initio mundi. 8. Utrum
anima creata sit a nihilo. 9. Utrum anima sit immortalis. 10 De
viribus animae. 11. De propriis viribus animae. Jedenfalls wird man ge-
stehen müssen, dass sich die Materien beider Abhandlungen vollständig
decken.

[2] Verbum Dei non aliud, quam ipse, cujus verbum est. Ex hoc sequitur,
ut sit sermo vivus in ultimitate vitae et vivacitatis, et sit influens et
redundans in ultimitate influentiae ac redundantiae. (Univ. 1, 1, c. 26).
Verbum creatoris est per semetipsum influens de se ipso et esse et vitam
super omni, quod locutioni ejus placuerit. Man vergleiche damit die
Stellen aus dem fünften Tractate des Fons vitae: Dico ergo, quod creatio
rerum a creatore alto et magno quae est exitus formae ab origine prima
i. e. voluntate, et influxio ejus super materiam jam est exitus aquae ema-
nantis a sua origine et ejus effluxio, quae sequitur alia post aliam, hoc
autem sine motu et tempore. — Largitor formae est super omnia,
unde oportet, ut receptio ejus sit infra eum, et etiam, quia ipse est
unum, oportet, ut esse fluat ab ipso, et esse quo propinquius fuerit origini

bereits in irgend einer Weise gesetzt sein muss. Auch dasjenige, was Wilhelm über das Wort als ars et sapientia Dei
bemerkt, deutet im Grunde nur auf die Gestaltungsthätigkeit
des göttlichen Wortes hin. Die Erschaffung der reinen Geistwesen erscheint nach seiner Art zu reden als ein Ausfliessen
der göttlichen Vollkommenheiten,[1] deren Ausflüsse keines Ful-
cimentes nach Art der Körperformen bedürfen; da nun die
Materie nicht als ein Ausfluss göttlicher Vollkommenheit genommen werden kann, so müsste man sie eigentlich in ganz
anderer Art entstanden denken, wenn überhaupt von diesem
Standpunkte aus ihr Entstehen sollte denkbar gemacht werden
können; denn man wird kaum zu hart urtheilen, wenn man
dafürhält, dass Wilhelm philosophisch den antiken Dualismus
zwischen Gott und Materie eben so wenig überwunden habe,
als den Emanatianismus, dessen Formeln, wenn auch im
Sinne des christlichen Schöpfungsglaubens ungedeutet, bei ihm
so häufig wiederklingen. Entschieden weicht Wilhelm von
Avicebron darin ab, dass er der unter den christlichen Theologen schon dazumal vorherrschenden Ansicht zufolge die kör-
perlosen Geistwesen als rein immaterielle Wesen nimmt, während nach Avicebron alles Geschaffene aus Materie und Form
zusammengesetzt ist. Er ist aber mit Avicebron in Rücksicht
auf die Einheit aller Materie einverstanden, während Albert
und Thomas mit Aristoteles zwischen der Materie der irdischen
und himmlischen Körper unterscheiden.

Als Dualist hält Wilhelm an dem bleibenden unaufheb-
lichen Unterschiede zwischen der geistigen und körperlichen
Realität fest, und behauptet demnach mit der ewigen Fortdauer
der zeitlich geschaffenen Welt auch die ewige Dauer der Körperwelt, obschon diese mit dem Eintritte der Weltvollendung

---

essendi, erit fortius lumen et stabilius in esse. (Beide Stellen mitgetheilt
in Seyerleins Aufsatze über Avicebron, Theol. Jahrbücher v. Baur u.
Zeller, Jahrg. 1857, S. 359).

[1] Sapientiam, sanctitatem et ceteras hujusmodi perfectiones, cum cogitaveris
eas apud hujusmodi substantias, invenies eas descendentes sive fluentes
a creatore stabilitas ab eodem, et innixas super eundem innixione cor-
porali firmissima et singulari, non habentes nec requirentes aliud vel
fundamentum vel fulcimentum, et ad hunc modum se habet de omnibus
his, quae a creatore per viam creationis descendunt. De Univ. II, Ps. 2, c. 2.

nicht in ihrer gegenwärtigen Gestalt und Daseinsform fort-
bestehen werde. Selbstverständlich tritt er hiedurch in Gegensatz zum naturalistischen Kosmismus der Aristoteliker, welche
die gegenwärtig bestehende Welt- und Naturordnung für eine
seit ewig bestandene, unvergängliche Ordnung halten; auch
bestreitet er das von diesen angenommene Causalverhältniss
der siderischen Welt zur tellurischen, und die determinirenden
Einflüsse desselben. Das Entstehen und Vergehen der irdischen
Existenzen ist nicht in dem Grade, wie es die Aristoteliker
annehmen, durch die Causaleinflüsse der siderischen Welt bestimmt;[1] die Menschenseelen werden den Leibern unmittelbar
durch Gott selbst eingeschaffen. Gegen die im Sinne des aristotelischen Kosmismus behauptete Incorruptibilität und Immutabilität des Weltganzen will Wilhelm[2] an der Auffassungsweise
des platonischen Timäus festhalten, der den höchsten Gott zu
den von ihm geschaffenen Göttern sagen lässt, dass die Un-
auflöslichkeit ihres Wesens nicht in ihrer Natur, sondern einzig
in seinem Willen begründet sei. Wilhelm zieht hieraus die
Folgerung, dass der Bestand alles Geschaffenen durchgängig
vom Willen des erhaltenden Gottes abhängig sei. Die der-
einstige ewige Vollendung des Weltganzen ist Hinüberführung
desselben in den Stand unbewegter Ruhe, in welchem sich
gegenwärtig schon das Empyräum befindet; das gegenwärtige
ruhelose Kreisen der Himmelssphären ist Zeichen der gegenwärtigen Unvollendung des sichtbaren Himmels. Von diesem
Gesichtspunkte aus bekämpft er die Lehre von dem platonischen
Weltjahre, und dem mit der Wiederkehr desselben regelmässig
sich erneuernden Laufe der Dinge.[3] Im Zusammenhange damit
erörtert er die dem Origenes zugeschriebene Meinung von einer
endlosen Folge neuer Einkörperungen derselben Seelen, die,
nachdem sie aus dem irdischen Strafexil in den Himmel zurück-
gekehrt sind, auf's Neue fallen und wieder eingekörpert werden, um nach abermaliger Läuterung auf's Neue zu fallen, und

[1] Intentio motus coelestis non extenditur in particularia vel individua
singulariter. (Univ. I, 2, c. 17). — Concedendum, quod stellae multa ad-
jutoria praestant et generationi et conservationi rerum generabilium. Verum
non eo usque, ut homines hujusmodi putaverunt (Univ. I, 1. c. 42).
[2] De Univ. I, Ps. 2, c. 38.
[3] De Univ. I, Ps. 2, c. 16 ff.

so in's Endlose fort.[1] Wilhelm gesteht selber, dass Origenes derlei nicht gelehrt haben könne, nimmt aber davon Anlass, die Bedeutung der christlichen Auferstehungslehre in's Licht zu setzen. Es handelt sich natürlich für ihn darum, zu zeigen, dass, da der Leib zum Wesen des Menschen gehört, die Einsenkung der Seele in den Körper nicht als ein Strafgeschick, und die Vergesellschaftung der Seele mit dem Leibe nicht als ein Hemmniss und eine Fessel der vollkommensten und höchsten Geistesthätigkeit angesehen werden könne; dass demzufolge nichts hindere, die Seele auch in ihrer himmlischen Seligkeit mit dem Leibe vereinigt zu denken, und dass überdiess diese Verbindung als eine unlösliche gedacht werden müsse, womit von selber die Möglichkeit einer endlos sich wiederholenden Reihe neuer Einkörperungen hinwegfällt. Die christliche Auferstehungslehre hängt eben auf das Engste mit der Lehre von einer endgiltigen absoluten Weltvollendung zusammen; gehört der Leib zum Wesen des Menschen, so wird der in Gott vollendete Mensch einen der vollendeten und verklärten Natur entsprechenden Leib haben müssen, und umgekehrt involvirt die Auferstehung die Einrückung der gesammten Natur in den Stand des ewig vollendeten Seins.

Mit besonderer Schärfe kehrt sich Wilhelm gegen alle fatalistischen Lehren,[2] gegen welche er namentlich die Thatsache der menschlichen Willensfreiheit wiederholt urgirt. Er unterscheidet mehrere Arten von Fatalismus, den siderischen, ferner den religiös-theologischen, welcher alles Geschehen durch das göttliche Vorherwissen und Vorausbestimmen auf eine die menschliche Willensfreiheit aufhebende Weise determinirt sein lässt, endlich die Lehre von der Yrmarmene oder von der durch die Verflechtung und Verkettung der Ursachen bewirkten

---

[1] De Univ. I, Ps. 2, c. 19 f.

[2] Gegen die Lehre von einer allbeherrschenden Nothwendigkeit bemerkt er De Univ. I, Ps. 3, c. 20: Contra errorem istum non est tam ratione disceptandum, quam igne et gladio pugnandum.   Aehnlich Univ. I, 1, c. 16 über den astrologischen Fatalismus: Manifestum est, ista infamatione duorum planetarum (Saturni et Martis) cos blasphemare contra bonitatem creatoris. Omnis autem blasphemia contra creatorem non solum impietas est, ferro et igne exterminanda, sed etiam error impossibilis etc.

4

Nothwendigkeit des Geschehens. Wilhelm [1] nennt die hermetische Schrift de Deo deorum als diejenige, in welcher die Lehre von der Yrmarmene vorgetragen werde; er könnte aber möglicher Weise nebenhergehend auch auf Bernhard von Chartres Bezug genommen haben, der, wie wir oben hörten, gleichfalls von der den Weltlauf beherrschenden Yrmarmene spricht, ihre Macht indess auf die irdische Niederwelt beschränkt. Wilhelm fragt, ob in jener angeblichen absolut determinirten Verkettung der Ursachen bei Gott anzufangen sei, so dass ein erster und unmittelbarer Ausfluss aus Gott den ersten Ring oder das erste Glied jener unzerreissbaren Kette bilde. Wenn dieser Ausfluss aus Gott das erste Glied jener nothwendigen Verkettung ist, so ist er etwas Naturnothwendiges, und damit das göttliche Schaffen als ein Act der Naturnothwendigkeit hingestellt; diess heisst aber dem Schöpfer Schmach anthun, da die Natur, wie Aristoteles lehrt, per modum servientis wirkt. Sieht man aber im Schaffen, statt es als einen naturnothwendigen Act zu nehmen, einen Act der absoluten göttlichen Freiheit, so fällt eben damit das Grund- und Anfangsglied jener angeblichen absolut determinirten Verkettung der Ursachen hinweg. Die erste Hervorbringung des schaffenden Gottes soll doch eine intelligente Substanz sein, und bei intelligenten Substanzen setzt man voraus, dass sie selbstgewollter wahlfreier Handlungen fähig seien; denn wozu hätten sie sonst intellectuelle Fähigkeit und Begabung? Es muss ihnen insbesondere das Vermögen freier selbstgewollter Zwecksetzung zukommen: damit wird aber der Nexus eines absolut determinirenden Causalzusammenhanges schlechthin durchbrochen. Die seligen Himmelsintelligenzen dienen Gott in Liebe, die allerdings eine absolute Hingebung an den göttlichen Willen in sich schliesst, aber diesen Willen nicht als zwingenden, das Selbstwollen und Selbstkönnen lähmenden erscheinen lässt; der Gehorsam aus Liebe ist ja eben das gerade Gegentheil des unfreien, knechtischen Gehorsams ohne Selbstwillen. Zwang ist als Gebundenheit des Selbstwillens ein Zeichen höchster Schwäche und unselbstigen Nichtkönnens, die Liebe hingegen höchste Energie. Damit ist freilich die Macht der Yrmarmene zunächst nur aus dem Gebiete

[1] De Univ. I, Ps. 3, c. 21.

der geistigen Welt verwiesen, und nicht bewiesen, dass dasjenige, was geschieht, nicht wirklich geschehen müsse oder dass es auch anders geschehen könnte, da denn doch durchaus nichts gegen den allbestimmenden Willen des Schöpfers geschehen soll. Aber dieser allbestimmende Wille, bemerkt Wilhelm hierüber, hat den gegenwärtigen Lauf der Weltdinge nicht so determinirt, dass derselbe ein unveränderlicher, ewiger wäre; die gegenwärtigen Bewegungen des Himmels werden nicht ewig dauern, und wenn Engelkräfte die Beweger der Himmelssphären sein sollten, so werden sie gewiss einst, dem Willen des Schöpfers gemäss, ihre motorischen Einwirkungen auf die Sphären einstellen. Wilhelm will, man möge hieraus erkennen, dass nicht nur Vieles anders sein könne, als es gegenwärtig ist, sondern dereinst auch anders sein werde. Das Wollen des Menschen ist als solches jeder Nöthigung entzogen; einem Zwange oder einer Nöthigung kann der Mensch bloss in der Ausführung und Inswerksetzung des von ihm Gewollten unterliegen. Er ist im gegenwärtigen Stande der gefallenen Natur als Körperwesen der Herrschaft des Zwanges unterthan worden, dieser Zwang hebt jedoch die Fähigkeit des selbsteigenen Wollens nicht auf. Wilhelm wirft sich selber die Frage auf, ob wir nicht, da wir die causa prima alles Geschehens nicht in unserer Macht haben, allem Geschehen gegenüber absolut machtlos seien, so dass wir nichts von dem, was geschieht, erwirken oder abwenden können? Das Resultat seiner hierüber angestellten Erörterung ist, dass wir allerdings das durch den Willen der causa prima bestimmte Geschehen in keiner Weise hindern, ändern oder modificiren können, dass wir vielmehr selber ganz und gar der Macht jenes Einen höchsten Willens anheim gegeben und von demselben schlechthin abhängig sind. Wir haben jedoch das von Gott uns verliehene Vermögen, den von unserem Wollen und Zuthun unabhängigen Lauf der Dinge für uns unschädlich oder nützlich zu machen; dieses Vermögen reicht so weit, als Gott in seiner Weisheit es reichen lassen wollte, und indem wir es ausbeuten, handeln wir eben nur als Organe und Executoren des göttlichen Willens. So tritt also an die Stelle des Schicksals die Allherrschaft des göttlichen Willens, gegen die wir uns allerdings auflehnen können; aber nicht so, dass diese Auflehnung

einen andern Erfolg, als unsere eigene Schädigung hätte. Auch
ist selbst unser Vermögen, dem göttlichen Willen unser Herz
zu verschliessen, ein sehr beschränktes, welches Gott, wofern
und soweit er diess will, durch die Macht seines Gnadenwillens
bewältigen kann. In dieser Weise also, auf dem Wege der
christlich-theologischen Reflexion, überwindet Wilhelm die im
christlichen Weltalter nachklingenden Lehren des antiken Fatalismus; in dieser Weise verfährt er allenthalben, und ohne
selber Philosoph zu sein, begnügt er sich durchwegs mit einer
vom christlich-theologischen Standpunkte vorgenommenen Rec-
tification dessen, was ihm an den, die Schulen seines Zeitalters
beschäftigenden Lehren, Meinungen und Anschauungen älteren
und jüngeren Ursprunges bedenklich, anstössig und verfehlt
erscheint.

Kehren wir nochmals zu Wilhelms Polemik gegen die
Lehre von der Weltseele zurück, um daran die Charakteristik
seiner Stellung in der das Mittelalter bewegenden Universalien-
frage anzuknüpfen. Dass er einem extremen Realismus nicht
zugethan sein konnte, geht schon aus seiner oben angeführten
Ausdeutung der platonischen Ideenlehre hervor. Gegen die
Annahme einer Seele des Universums wendet er ein,[1] dass ihr
zufolge alle Einzelseelen nur Besonderungen dieser Gemein-
seele sein könnten und demnach die Seele Plato's und die
Seele des Sokrates im Wesen eine und dieselbe Seele wären.
Daraus würde weiter folgen, dass es überhaupt keine Sub-
stanzunterschiede, und im Zusammenhange damit auch keine
Generation und Corruption d. i. Bildung und Auflösung der
Substanzen, sondern bloss Alterationen d. i. Wandlungen der
Dinge in accidenteller Beziehung gebe, und daher auch die
Individuen einer Species nur zufolge ihrer accidentellen Verschiedenheiten eine numerische Mehrheit constituirten. Allerdings sind wir Zeitmenschen in dieser irdischen Dämmerregion
zufolge unseres beschränkten und verdunkelten geistigen Erkennens daran gewiesen, die Dinge nach den Unterschieden ihrer
zufälligen äusseren Merkmale von einander zu unterscheiden;
in den Stand der himmlischen Glorie eingerückt würden wir
jedes Einzelding im tiefsten Grunde seines Eigenwesens

erkennen, durch die es von jedem anderen Dinge derselben
Species verschieden ist, und demnach in der Unterscheidung
und Zählung der Mehrheit nicht von jenen sinnlich äusseren
accidentellen Verschiedenheiten abhängig sein. Mit dem Drin-
gen auf die von zufälligen sinnlichen Merkmalen unabhängige
Eigenheit des ·Einzelobjectes hängt es zusammen, dass Wilhelm die Individuation der geistigen Wesenheiten nicht von
ihrer materiellen Einleibung abhängig gedacht wissen will;
auch die Engelwesen müssen[1] trotz ihrer Immaterialität als
singuläre Wesen gedacht werden, was in noch höherem Grade
von Gott selbst gilt. Dieser principielle Individualismus ist
offenbar antirealistisch und hängt mit Wilhelms unspeculativem
Empirismus zusammen, den man am besten als einen psychi-
schen Sensismus bezeichnen wird. Das Erkennen ist für
Wilhelm lauter Wahrnehmen; und zufolge der doppelten, der
menschlichen Seele zugeschriebenen Wahrnehmungsfähigkeit
unterscheidet Wilhelm ein doppeltes, das sinnliche und das
intellectuelle Erkennen. Die Wahrnehmung geht aber allenthalben auf dasjenige, was auf eine bestimmte, eigenartige Weise
ist, also auf das Concrete, Besondere und Individuelle; das
Allgemeine als solches hat für Wilhelm blos ein gedanken-
haftes Sein, in der Wirklichkeit stellt es sich in den individuellen Exemplaren der Art oder Gattung dar. Das Schaffen
und Hervorbringen, bemerkt Wilhelm[2], kann nur auf das Ein-
zelne und Individuelle gehen; Gott kann nicht einen Menschen
schaffen, der weder Sokrates, noch Plato, noch irgend ein anderer bestimmter Mensch wäre. Der Allgemeinbegriff oder
die Species ist wohl durch jedes Exemplar der Gattung dar-
gestellt, sofern in jedem Exemplar der Allgemeinbegriff desselben sich verwirklicht darstellt; aber eben desshalb hat er
keine subsistente Wirklichkeit ausserhalb den Exemplaren, in
welchen er verwirklichet ist.[3] Das Sein der Species ohne Individuen ist ein bloss potentielles, incompletes Sein, gerade
so wie das Sein des Genus ohne die unter ihm befassten Species; demzufolge setzt Gott durch Erschaffung der concreten
durchaus individuell gestalteten Wirklichkeit die Genera und

[1] De Univ. II, Ps. 2, c. 12.
[2] De Univ. II, Ps. 2, c. 10.
[3] De Univ. II. Ps. 2, c. 12.

Species in Wirklichkeit. Da Gott die Dinge vollkommenst
denkt, so sind sie auch im göttlichen Denken nicht etwa bloss
nach ihren allgemeinen, unbestimmten Art- und Gattungsbe-
griffen, sondern bis in's Kleinste gezählt nach ihrem individuellen Sein vorhanden; der mundus archetypus ist ein bis in's
Einzelnste durchdachter freischöpferischer Entwurf des Welt-
Ganzen, der durchwegs und in Allem die Bestimmtheit des
absolut freien göttlichen Wollens an sich trägt. Daraus, dass
die Welt in ihrer concret individualisirten Gestaltung genau
diess ist, als was Gott sie denkend wollte, wird man es sich zu
erklären haben, dass nach Wilhelm das intelligible Wesen der
geschaffenen Dinge von uns nur in Gott erkannt werden könne.
Da ferner diese Erkenntniss auf der Eigenheit des Singulären
und Individuellen als solchen, als des eigentlich Scienden gehen
soll, so wird man weiter auch begreifen, wesshalb Wilhelm
das bloss generelle Erkennen, in welchem die Eigenheit des
Individuellen nicht erfasst wird, als Zeichen der Schwäche
und Kurzsichtigkeit unseres menschlichen Denkens nimmt; es
ist also nicht richtig, wenn man[1] in dieser seiner Ansicht vom
generellen Denken einen Widerspruch gegen seine anderweitige
Behauptung, dass der menschliche Intellect ein Spiegel des
Intelligiblen sei, finden will.

Die Richtung auf die geistige Erfassung des Individuellen
als solchen ist ein charakteristischer Grundzug im Denken
Wilhelms; nur vermag diese Richtung seines Denkens zufolge
mancherlei hemmender Ursachen nicht zum vollen Durchbruche
zu gelangen. Ihm selber fehlt noch die Bewusstheit um diesen
Zug seiner Denkrichtung, der sich in entschiedener und be-
wusster Weise erst im Gegensatze zum speculativen Peripa-
tetismus der Scholastik hervorbilden konnte. Hätte er einige
Jahrhunderte später gelebt, so würde vielleicht der Leibnitz'sche
Individualismus seine Aufmerksamkeit sehr lebhaft beschäftiget
haben. Er betont den Gedanken des Allgemeinen nicht mehr,
als es ihm nöthig scheint, um die objective Wahrheit und
Giltigkeit desselben zu wahren. Für diese tritt er nun allerdings entschiedenst ein; der Art- und Gattungsbegriff sind ihm
objectiv wahre Gedanken, die der Mensch so gewiss denken

---

[1] Vgl. Prantl, Gesch. d. Logik Bd. III, S. 77.

muss, als er die Dinge intellectiv d. i. im Lichte der göttlichen Wahrheit denkt. Von einer förmlichen Hypostasirung
des Allgemeinbegriffes aber auf Kosten der individuellen Ein-
zelexistenzen ist bei Wilhelm keine Rede; in der objectiven
empirischen Wirklichkeit sind nur Einzeldinge, deren jedes
den allgemeinen Begriff seiner selbst darstellt, ohne mit demselben zusammenzufallen, weil eine solche Coincidenz die mehr-
fältige individuelle Darstellung desselben aufheben würde. Es
ist demnach ungerechtfertigt, Wilhelm von Auvergne mit Wilhelm von Champeaux zusammenzustellen und in die Classe
der extremsten Realisten zu werfen, wie diess von Seite Hau-
réau's[1] geschieht; der Fehler liegt bei Wilhelm von Auvergne
vielmehr darin, dass er zufolge seiner unvollkommenen Auffassung des intellectiven Denkens den Gedanken, dass der
Allgemeinbegriff eine objectiv giltige Abstraction des Allge-
meingedankens aus den in der empirischen Wirklichkeit gegebenen individualisirten Verbesonderungen desselben sei, nicht
zu erschwingen vermag. Er weiss von keinem intellectus agens,
von keinem denkmächtigen Principe, das die in den Dingen
ausgedrückten Gedanken nach ihrem reinen Gehalte an's Licht
zieht; das Denken ist zwar im Gegensatze zum Wollen nicht
eine rein passive Function, aber es ist ihm doch nur ein blosses
Thun, kein actives Produciren lichter Geistgedanken. Wir
wollen damit keineswegs sagen, dass der intellectus agens der
peripatetischen Scholastik für die höheren Functionen des
speculativen Denkens ausreiche; er drückt eben nur diess aus,
dass sich der menschliche Geist allen einzelnen sinnlichen
Realitäten gegenüber als denkmächtige höhere Realität wisse,
während er schon nicht mehr ausreicht, die gesammte sichtbare Wirklichkeit als Complex specifisch differenter Erscheinungen in einem lichten Geistgedanken denkmächtig zu er-
fassen. Der intellectus agens der speculativen Scholastik erfasst nur die Ideen der sinnlichen Einzelobjecte, und auch
da geht ihm die Idee nahezu in Formalbegriffe des Dinges
unter, wie es nicht anders kommen kann, da in der durch und
durch particularisirten sinnlichen Wirklichkeit die tiefere Bedeutung des Einzelnen nur aus der Idee des Naturganzen ver-

---

[1] Philosophie scolastique I, p. 450 ff.

standen werden kann, für deren Erfassung der intellectus
agens nicht mehr ausreicht. Aber er hat doch wenigstens den
speculativen Gedanken einer Verbesonderung des Allgemeinen
im Einzelnen zu seiner Voraussetzung, womit sich denn doch
ein etwas geistigeres Verständniss der in der Arteinheit befassten Vielheit als freier Entfaltung des in der Einheit be-
schlossenen Mannigfaltigen ergibt; während in der steifen Auffassung Wilhelms von Auvergne das Viele nur als eine Summe
von Einheiten zählt, die in der höheren Arteinheit befasst
sind, wobei es überdiess ganz gleichgiltig erscheint, ob diese
numerischen Einheiten Engel- und Menschenseelen oder Exem-
plare irgend einer Thierspecies sind. Wilhelm hat es leider
unterlassen an sich die Frage zu stellen, ob die Thier- und
Pflanzenspecies auf dieselbe Art im göttlichen mundus archetypus existiren, wie die ihrer Natur nach universalen Geist-
existenzen; diess heisst mit anderen Worten so viel, dass ihm
ein seinen christlich-gläubigen Anschauungen entsprechender
speculativer Weltbegriff völlig abgeht, und die religiöse
Glaubenswelt, in welcher er mit seinen Gedanken und Vor-
stellungen lebt, den Mangel eines solchen Weltbegriffes einfach decken muss.

Wir würden unserer Aufgabe nicht genügt zu haben
glauben, wenn wir letztlich nicht auch noch Wilhelms Verhältniss zu Hugo von St. Victor, dessen Denken gleichfalls
auf dem allgemeinen Grunde platonischer Anschauungen stand,
kurz in's Auge fassen würden. Freilich ist Hugo bereits weit
mehr Mystiker als Platoniker; eben darum aber ist es von
Interesse zu beachten, welche Umbildung der Platonismus in
seinem Denken erfuhr, und wie sich diese Umbildung zu der
von Wilhelm dem Platonismus gegenüber eingenommenen
Stellung verhält. Da es Hugo an einer gewissen speculativen
Ader nicht fehlt, so darf man im Voraus annehmen, dass er
aus der platonischen Anschauungsweise Manches beibehielt,
dessen sich Wilhelm als Theolog und zufolge seines empiristischen Individualismus entschlagen zu müssen glaubte. Hugo
setzt unbedenklich mit den Platonikern seines Zeitalters Gott,
die Ideen und die Materie als die drei Principien der Dinge.[1]

---

[1] Intelligentia est de solis rerum principiis id est de Deo, ideis et hyle.
Erudit. didascal. II, 6.

Die Materie wird von Hugo als Grund der Theilung, Vielheit und Besonderung angesehen; daraus folgt schon von selber, dass der Gedanke eines bestimmten Dinges im Stoffe nicht zum adäquaten Ausdrucke seiner selbst gelangen kann, und der Allgemeingedanke des Dinges ein entschiedenes Uebergewicht über jenen des Concreten und Besonderen behauptet. Dazu kommt weiter noch, dass Hugo, zwischen supralunarischer und sublunarischer Wirklichkeit unterscheidend, die wahrhafte unveränderliche Wirklichkeit der Dinge in der supralunarischen Welt sucht, in der sublunarischen Welt aber nur wandelbare und vergängliche Abbilder der supralunarischen Wirklichkeit sieht.[1] In dem Verhältniss der himmlischen Wirklichkeit zur irdischen reflectirt sich das Verhältniss der göttlichen Idealwelt zu den geschaffenen Wesenheiten der Dinge; wie die Ideen die lebendigen Gründe der unvergänglichen Wesenheiten der Dinge sind, so causirt die himmlische Wirklichkeit durch ihre Influenzen die wandelbaren Formen der sinnlichen Erscheinungswelt, in welchen die unvergänglichen Wesenheiten ihren wandelbaren vergänglichen Ausdruck habe. Die von Wilhelm urgirte Unterscheidung zwischen substantia prima und substantia secunda liegt, wie man sieht, noch völlig ausser dem Denkbereiche Hugo's; die substantiæ rerum (οὐσίαι) sind bei Hugo nichts anderes, als die Ideen selber, soweit sie als Gestaltungsmächte den Stoffen immanent sind. Damit ist der scharfe, durchgreifende Gegensatz zwischen den Anschauungsweisen beider Männer bereits hinlänglich gekennzeichnet. Während Wilhelm den Begriff der Art in jedem einzelnen unter dieselbe gehörigen Individuum vollkommen ausgedrückt sein lässt, in sachlicher Beziehung aber die Art als den Inbegriff aller unter ihr befassten Individuen nimmt, kann nach Hugo das unter einer bestimmten Idee Befasste nur in unvollkommener Weise an derselben theilhaben, so dass die Idee oder der Allgemeinbegriff in keinem sinnlich realen Ausdrucke seiner selbst vollkommen verwirklicht erscheint. Hieraus ergibt sich für Hugo weiter auch ein denknothwendiger Grund, wesshalb es ausser den sinnlichen Realitäten unsinnliche, geistige Wesenheiten geben müsse, in welchen eine solche Unangemessenheit zwischen Idee und Wirklichkeit eines

[1] Erud. didascal. 1, 7.

Dinges nicht statt hat. Die geistigen Wesenheiten sind eben solche, in welchen die Wirklichkeit des Dinges die Idee desselben vollkommen erschöpft, so dass von keiner hinter den einzelnen Geistwesen stehenden οὐσία, deren Individuationen sie wären, die Rede sein kann. Die Unmöglichkeit dessen ergibt sich für Hugo aus der Immaterialität der geistigen Substanzen.[1] Diese sind nämlich zufolge ihrer Immaterialität dem Bereiche der sinnlichen Besonderungen und Particularisationen schlechthin entrückt, und stellen jede für sich ein Totum dar; als solche Tota bilden sie jede für sich innerhalb der Grenzen ihrer Geschöpflichkeit das göttliche Sein ungetheilt und wahrhaft nach, was von den Sinnendingen nicht gesagt werden kann. Die sinnlichen Dinge sind eben nur die Darstellungen und Ausdrücke der in Gott vorhandenen Ideen, die geistigen Wesen geschöpfliche Nachbilder Gottes selber; in jedem geistigen Wesen ist das Ganze von dem, was Gott selber ist, ausgedrückt, während jedes Sinnending nur Darstellung eines bestimmten einzelnen Gedankens Gottes ist. Dies ist nun eine Anschauungsweise, welcher der Individualismus Wilhelms schlechthin widerstrebt. Wir wollen nicht bezweifeln, dass er sich der Gründe seines Dissenses wohl bewusst war, und namentlich die Unhaltbarkeit jener οὐσίαι, auf welche der platonisirende Realismus Hugo's gestützt ist, ganz gut erkannte. Leider ging ihm aber auch das Verständniss für die hellen Lichtgedanken desselben ab; dass die menschliche Seele über die Artdifferenzen der Sinnendinge schlechthin hinausgestellt sei, war ein ihm unverständlicher, völlig ferngerückter Gedanke. Damit entging ihm die Möglichkeit, das universelle Wesen der geistigen Existenzen im Unterschiede von jenem der rein sinnlichen Existenzen zu würdigen, und den specifischen Charakter der Gottesbildlichkeit der menschlichen Seele sich zum Bewusstsein zu bringen. Die speculative Erkenntniss dieses letzteren bildet die eigentliche Hinterlage der psychologischen Mystik Hugo's, mit deren Intentionen und Anschauungen allerdings auch Wilhelm in mehr als einem Punkte auf Grund seines christlich-theologischen Bewusstseins zusammentrifft, ohne jedoch in den Denkhabitus der mystisch-psycho-

---

[1] De sacramentis fidei christianae I, Pars 5, c. 3.

logischen Anschauungsweise irgendwie näher einzugehen; denn dazu ist Wilhelm viel zu sehr Scholastiker, die Form seines Denkens eine ganz andere als jene Hugo's. Und dass er etwa gewisse unentwickelte Denkansätze Hugo's über Wesen und Denkmächtigkeit der gottesbildlichen Seele berücksichtiget oder weiter entwickelt hätte, ist von ihm vollends nicht zu erwarten. Er trifft mit Hugo darin zusammen, dass er den menschlichen Intellect zum Spiegel Gottes macht und die Gotteserkenntniss als Hauptgegenstand des menschlichen Erkenntnissstrebens hinstellt; dass er der sichtbaren Wirklichkeit die Bestimmung zuweist, auf die Erkenntniss Gottes hinzuleiten; dass er die Möglichkeit und den scientifischen Werth einer unmittelbaren Selbsterkenntniss der Seele vertritt, den trübenden Einfluss des Sündenfalles auf die Erkenntniss der höheren, geistigen Dinge Gottes und des eigenen Selbst sehr entschieden betont. Man wird aber nicht umhin können zuzugestehen, dass diese Punkte bei Hugo viel klarer und geordneter behandelt sind und in bestimmten psychologischen und erkenntnisstheoretischen Grundanschauungen einen philosophischen Rückhalt haben, der bei Wilhelm fehlt. Darin besteht eben der Grundunterschied zwischen Hugo und Wilhelm, dass jener sein christlich-kirchliches Bewusstsein in den Anschauungen einer psychologischen Mystik zu verinnerlichen strebt, während Letzterer den Inhalt der ihm mit Hugo gemeinsamen Ueberzeugungen rein gegenständlich auffasst, und mit der in der christlichen Logoslehre gegebenen Hinterlage einer rationellen Fassung des christlichen Weltbegriffes sich begnügt, ohne diesen an irgend einer Stelle philosophisch zu vertiefen. Die nothwendige Vorbedingung hiefür wäre eine tiefer gehende Verständigung über den Gedanken des Allgemeinen gewesen; wie wenig aber Wilhelm mit diesem anzufangen wusste, ist im Laufe dieser Abhandlung zur Genüge gezeigt worden. Allerdings hat er die Irrung Hugo's vermieden, die Ideen als ontologische, der sinnlichen Erscheinung substante Realitäten anzusehen; man kann es ihm sogar als ein Zeichen unbefangenen und gesunden Sinnes anrechnen, dass ihm die den Platonikern eigene Confundirung von Ontologie und Ideologie nicht zusagen wollte. Dieses Verdienst ist jedoch rein negativer Natur; indem er die in christlichem Sinne rectilicirte Ideenlehre Platons mit einem empiristischen Realismus vergesellschaftete, machte er sie für die Zwecke eines tiefer dringenden Denkstrebens völlig unfruchtbar, und scheidet sich von einem inneren, geistigen Zusammenhange mit Plato fast völlig ab. Jedenfalls steht er, wie der Zeit, so der Sache nach am äussersten Ende und Ausgang der platonisirenden Tendenzen des zwölften Jahrhunderts, und kündiget sich in seiner häufigen Bezugnahme auf Aristoteles als Vorboten der peripatetischen Scholastik an. Freilich ist diese Bezugnahme grösstentheils nur polemischer Art, und Wilhelm eigentlich noch weniger Aristoteliker, als er Platoniker ist; in seinem Denken vollzieht sich eben nur eine völlige Zurückziehung des christlichen Denkens vom Platonismus auf sich selber und auf den Lehrinhalt der kirchlichen Theologie. Da aber diese im Bedürfniss nach einer möglichst breiten rationellen Unterlage für ihren lehrhaften Inhalt eine solche Isolirung nicht vertrug, so konnte Wilhelms Verhalten nur einen transitorischen Moment in der Entwickelung der mittelalterlichen Theologie und Scholastik bedeuten, welcher den Uebergang derselben aus ihrer älteren platonischen Epoche in die nachfolgende peripatetische Epoche vermitteln half.